西園寺昌美
Saionji Masami

自然体で生きよう

白光出版

序文

人間の苦悩、悲しみは、自信を無くした時に起こる現象であります。もし常日頃から自分が生きることに対して強い自信をもち、深い感謝の念を抱いているならば、苦悩や悲しみは、単なる一時《いっとき》の現象として、決して自分の許《もと》に長くとどまることはなく、現われては即、消え去ってしまうものなのであります。

仮に突然、自分に予期せぬ不幸な出来事が起こったとしても、生に対する強い確信と理解がなされているならば、何ら恐れることも不安に思うことも、まして絶望を感じることなど、決してないのであります。

人間には誰しも、自分の人生を生きていくために必ず通らなければならない、そして成さなければならない大いなる命題が与えられています。それは、勉学したり、道徳や知識を身につけたり、才能を磨くことよりも、もっともっと大切なことであり、最も必要とされているものであります。それは、今生《こんじょう》をしっかりと自分自身の足で歩み、自らの人生を築いてゆくためには、是非とも知らなければならないものであります。

それを知らないからこそ、知らなかったからこそ、常に自分をはじめ周りの人々に苦悩や悲しみが絶えず、不安や恐れがつきまとっていたのです。一難去ってまた一難、次から次へと絶えることなく、迷いや不安や憂いが生じ、自分の心を悩ませ、痛ませ、深く傷つけていってしまうのです。そしてついには、自らの人生に失望を抱いたまま生きていくことになるのです。

これらのすべてを一掃するためには、自分自身で人間としての生き方をしっかりと学ばなければなりません。そして自分自身に対して強い自信をもつことが大事なのです。いかなる現象が目の前に現われようとも、自分が確固たる強い自信に満ちあふれているならば、苦悩が苦悩でなくなり、悲しみが悲しみでなくなってしまいます。

そのための道——それこそが真理への道です。

人間は、今生を生きてゆくために真理を知ることが大切なのです。

この本では、真理についてわかりやすく説き明かしています。今までの古い観念、古い定義づけを捨て去り、全く新たな真理への道を歩み始めることによって、自らの意識が知らないうちに変えられてゆくことに気づくはずです。

そして未だかつてなかったような自信が自分の内より湧き上がってくるのが感じられるようになります。今まで自分では処理できなかったすべての問題が、自分自身の力で解決できるようになるのであります。

それは、自分自身に対する強い深い自信につながり、確固たる真理への道にと導かれてゆくものであります。

そうなりますと、自らの人生における不安や悲しみが喜びに変わり、苦悩や挫折が感謝に変わることがはっきりと分かってくることでありましょう。

そのために、この本が少しでも皆様方のお役に立つならば、幸せであります。

私がここで一番伝えたいことは、人生を変えることで自分が変わるのではなく、自分が変わることで人生が変わりはじめる、ということであります。
皆様方の人生が輝かしいものになることを願ってやみません。

著者識す

二〇〇〇年八月十七日

自然体で生きよう●目次

ブックデザイン・渡辺美知子

自然体で生きよう

意識的に生きる

漫然と無自覚に生きている

私たちは日頃、何事にも意識を集中させることなく、漫然と時間を過ごしていることがよくあります。例えば、一日の自分の生活を顧みてみましょう。

朝目覚めると、まず、洗面所に行って歯を磨き、顔を洗うことと思います。そのとき、「今日も一日が始まった、がんばろう」と思う人もいるし、「つらいなあ、頭がぼーっとする、もっと寝ていたいな。でも仕事に行かなければいけない」と思う人もいます。

「今日は大変な仕事が待っている。むつかしい交渉がある」「今日のパーティーは誰が来るのだろう」「今日は子供を幼稚園に早く迎えに行かなければならない」などと、おそらく一日の計画を頭の中で巡らせながら、それぞれの一日の生活が始まることでしょう。

それは毎日の行動の一部であり、そのときの意識は、とりたてて自覚されるほどのものではありません。感情が意識の表面だけを流れていきます。

「今日は辛いから、学校へ行きたくないな」「もっと寝ていたいなあ」などと思いながら顔を洗い、そして朝食をいただく。しかし朝食に自分の命の元をいただいている「ありがたさ」を感じることはないのではないでしょうか。

食欲のないまま「朝食をとらなければ体に良くない。おいしくないけれど食べなければ」と考える人もいれば、朝の食事を楽しみに「これが自分の喜びだ」と思っていただく人もいます。ほとんどがことさら自覚された行動というわけではありません。当たり前に食事を出し、また出された食事を食べるだけです。もちろん、「おいしいおかずだね」とか、「まずい肉だな」などという感想はあるでしょうし、「今日は食欲がないな」という感じは持つでしょう。しかし、ご飯やパン、みそ汁や卵焼き、ハムなどの食べ物に対して、特別の感謝、心からの喜びは湧いてこないという人がほとんどです。

「食べる」という行為に対して、特別の意義を見いだすことなく、そして何となく心も浮き立たないまま、また昨日と同じ状況が今日も続いていく。そのような毎朝を過ごす人が多いのではないでしょうか。これが今の日本の一般の人ではないかと思います。

自分の行為を自覚しない、物事の意味を表面的にしか捉えない行動は、何も食事に対してばかりではありません。

仕事に行くときは、歩いたり、バスや電車、自動車を利用します。そのとき、向こうからいつものように女子学生がやって来れば「可愛いな」と思うかもしれません。停留所で待たされれば、「バスが今日は遅いな、何かあったのかな」と感じるでしょう。それは、そこで起きる状況に対して頭の中でただ表面的に反応しているだけで、心の中から意識的に反応しているわけではありません。たんに目や耳や舌に飛び込んできた事物、あるいは皮膚などがとらえた刺激に反応しているだけなのです。

混んだ電車に乗り、「窮屈だな」とか「人の広げた新聞が邪魔でいやだな」「今日は空《す》いててラッキーだった」などと想うことは、その瞬間に立ち現われている状況を表面的にとらえた反応です。

会社や学校に着くと、また昨日と同じ仕事や授業の繰り返しが待っています。きっと何一つ変わっていないと思うことでしょう。心から喜んで、自分の天命だと感じて仕事をこなしているわけではないから、無事にすめばよい、失敗がなければよい、今日もうまくいくようにと願いながら仕事や勉強をこなしていきます。

仕事が終わると、「お疲れさま」で家に帰る。家に帰って食事をとって、風呂に入って、テレビを見て寝る。もちろんこれがすべてではありませんし、人それぞれ違う生活を持っていますが、日本人の多くの「無事な一日」のパターンとはこのようなものではないでしょうか。

小学生なら小学生なりの、主婦なら主婦なりの、お年寄りならお年寄りなりの一日のパターンがあります。その一日のパターンの中で引き起こされる感情は、無自覚的に現われては消えていきます。そのような状況は昨日から今日に移り、今日がまた明日に移り、明日がまた明後日に移っていき、繰り返されるのです。

意識的に生きてみよう

私たちは、状況や状況に対する自分自身の反応、そして反応から引き起こされる感情に無自覚であるために、とてももったいない生き方をしているのかもしれません。無駄な時間を過ごし、無駄なエネルギーを費やし、無駄な人生を送ってはいないでしょうか。ひょっとして悔いを残す生き方を選択していないでしょうか。より良い希望に満ち溢れた輝かしい人生を摑《つか》み取ることができるのに、そのチャンスを逸《いっ》してしまっていないでしょうか。

ここで申し上げたいことは、一日でもいいから、自分の心の動きを意識的に捉《とら》え、その日を過ごすと、今までの日常生活とはまるで違う一日が訪れるということです。

朝起きて、いつものように漫然と過ごすと、肉体の状態に反応して感情だけが意識の表面を流れていきます。体がだるいという感覚によって、「もっと寝ていたいな」と反応し、そこで無意識に「仕事に行くのは嫌だな、今日は辛いな」という感情を引き起こしていくのです。

しかし、この反応や感情を意識的に捉えると、いつもなら「辛《つら》いな」と起き上がるところを、辛い状態が辛くなくなってきます。

「よし、この状態も自分の心の持ち方でいかようにも変えられる」「この辛いことはかえって自分をより磨くためにいいことだ」とポジティブな想いに切り換えることができるからです。

「今日一日意識的に生きよう」「今日一日意識的に頑張ってみよう」という信念があれば、起きたときの気持ちを明るくすることができます。そして、素晴らしいことを思い描くことができ、必ずよくなると信じることができるのです。その結果、実際にその日一日の状況がより良くなり、調和していくのです。

意識しないと「今日も同じことか、ああ嫌だな」「嫌な仕事が待っているな。ああ辛いな」と、必ずネガティブに心が動いていきます。

ところが、意識的に捉えると、まるで一八〇度違った人生が訪れます。体に起こった状態を意識してポジティブに考えてみるのです。

「この状態も自分を磨くためには良いことだ」「今日はきっと素晴らしい一日だろう」と。そして、「昨日よりもっと良くなる、必ずよくなる、明るくなる、素晴らしくなる」と想って起きると、軽やかに洗面所に行けるようになります。昨日までのように体が重く、頭も重く、重い足を引きずって洗面所に行くことは、もうありません。

昨日までは、洗面所で鏡に映った自分の顔を見たら、「目が腫《は》れてるわ」「青い顔して、だらしがなさそう」と思えるような、気が入ってない、憂うつそうな顔だったのが、「今日一日輝かしく生きよう、今日は昨日よりもっと良くなる、もっと素晴らしくなる」と意識して想うと、自分の顔がはっきりと、輝かしく、明るくなります。そして「会う人すべてに、この目を通して愛を与えよう」「喜びを与えよう」「喜びを語ろう」「喜びのエネルギーを放出しよう」と想うと、自分の腫れぼったい重々しい顔が、どんどんピンク色に変わっていくことが認められるし、顔が引きしまってくるのが感じられます。明るく輝いていることが感じられるのです。

さて、顔を洗ってからダイニングルームに行き、「自分の心に喜びをもとう」「今日は昨日より良い方向に変えよう」という意識的な想いを抱いて食卓につくと、何か夫や子供も明るく変わってきます。子供たちが「今日はなんて素晴らしい一日なんだろう。勉強するのは嫌だし、宿題もやってない。でも、今日は何かいいことがありそうだな」と変わってくるのです。

自分がただ意識的に生活することによって、自分の意識を通したエネルギーが他の人にまで影響を及ぼします。明るくなる、素晴らしくなる、輝かしくなる、もっと良くなるというエネルギーが周りに影響を及ぼすのです。一人の意識的に発したエネルギーが、どんどん周りに影響を与えていきます。

奥さんや子供の明るいエネルギーの影響を受けたご主人が、会社へ行くと、何か気持ちが明るくなり、何事もうまくいきそうな気がしてきます。ご主人の隣に座っている人も、明るくなってきます。そうすると、そのご主人は、とてもスムーズに仕事をすることができるのです。

食事も意識的に感謝してとれば、いつもよりおいしく感じられ、「今日は何てありがたい日なんだ」とますます感謝の念が増してきます。

「これは命をつくっている元なんだ」「今までは意識しないで食べていたけれど、意識して食べよう」と想って食べれば、一つひとつの食べ物がありがたく感じられ、その結果、素晴らしい一日になり、明日はさらに良くなります。そしてますます「生きることは素晴らしい」と感謝するようになるのです。

相手を変える想念の持ち方

漫然と無自覚に生きている人が発するエネルギーはネガティブで暗く、周りに伝播《でんぱ》していきます。そして、そのエネルギーの磁場に入り込んだ人たちは何となく憂うつで暗く、重い気分になります。

その反対に、物事を意識的に前向きに、「良くなるんだ」「素晴らしくなるんだ」と捉《とら》える人が発するエネルギーはポジティブで明るく、周りにそういう波動が広がっていきます。そしてその磁場に入った人も何となく心が明るくなり、「良くなるんだ」と何か直観的にひらめいたり、「今日は素晴らしい一日になりそうだ」と感じたり、すべてが輝いて見えるようになるものです。

太陽は美しく輝き、緑は新緑のように光って見えます。すべてが楽しく、いつも出会う職場の女性も今日は特別に輝いて見えるようになります。自分の見る目が変わっているからです。周りの人たちや物事は昨日も今日も特に変わらないのに、見る側が変われば、いつもと変わりない女性や男性も職場で光り輝いて見えるのです。すると、その人たちも影響されて明るくなり、こうして明るいエネルギーがどんどん広がっていきます。

無自覚に、マンネリズムにおちいって過ごしている一日を、あえて意識的に捉えるのです。「必ず良くなるんだ」「絶対よくなる」「ずっと調和する」「もっと素晴らしくなる」と念じるのです。それによって自分の放出するエネルギーはポジィティブな光明エネルギーになって、それを周りの人々も受け取って、やがてその人々の意識が変わってゆきます。

皆さんが一日でも、意識的に生きるということを自分の行動で試してごらんになるとよいと思います。その影響の事実を見れば、一挙手一投足、自分に触れるものすべてに意味があり、今まで自分が気がつかなかったこと、見落としていたことが、自分のため、自分を磨くためために、いかに大切なことだったかと気づくはずです。そしてすべてがありがたく感じられると、必ず自然発生的に感謝の念が起こり、「良くなるんだ」「もっと素晴らしくなるんだ」ということが観念ではなく、自分の実感として感じられるようになってきます。

あらゆる物事を意識的に捉える生き方をするか、無自覚のまま漫然と生きていくかによって、両者には非常に大きな差が出てきます。

ですから、私たちは日頃から、無自覚に一日一日を過ごしてきた状況を、ここで捉え直してみる必要があります。

今日一日を「もっと良くなる」「もっと明るくなる」「もっと素晴らしくなる」と捉えてみましょう。その捉え方によって、世の中がまったく違って見えてくるはずです。毎日接する人々に対しても、まったく違う感覚で相手を捉えるようになります。嫌だった相手が、とても懐かしい相手に変わってくるのです。そのようにすべてが良くなってくる、整ってくる、素晴らしくなってくるものなのです。

嘘だとお思いになるのでしたら、まず今日一日だけでも、意識的に生きていただけたらと思います。

（一九九五年十月）

嘘

嘘をつくのは生まれもった自衛本能

私たちは、幼い時期から「嘘」をつかないよう、何度も繰り返し教えられて育ちます。両親からばかりではありません。学校の先生や親戚の人などからも、嘘をつかないよう徹底的に教え込まれます。このようにして、私たちは小さな頃から、「嘘をつくのは悪いこと」と思い込んで成長しますが、不思議なことに、「嘘は悪いこと」と教え導かれる以前から、子供はすでに嘘をついているものなのです。

振り返ってみると、私たちは、幼い子供が誰からも教わることなく嘘をついてしまう姿を、何回も見ています。たとえば、四、五歳の子供が食べてはいけないと言われていたチョコレートを食べたとします。すると、まだ母親が叱る前に、口の回りにいっぱいチョコレートをつけたまま「僕、チョコレートなんか食べてないよ」と、あわてて訴える姿を見たことはないでしょうか。「チョコレートはどこにいったのかしら」と、母親がその子供を責めるわけでもなく、怒るわけでもなく、ただふっと疑問を抱いただけであったにもかかわらず、そこにいた小さな子供が「僕、食べないよ」と嘘をつく。これに似た光景を、家庭や幼稚園などで目にしたことはないでしょうか。

魂の本当に純粋なまま、素直なまま、無垢《むく》のまま大人になることは、もちろん理想であります。けれども、周りの環境がそれを許しません。積極的に学ぼうとしなくても、周りの環境から自然に体験してしまうのです。

私たちは成長していくにしたがって、自分を取り巻く環境で起こる出来事、両親や兄弟、友だちなどの行動を見たり聞いたりして、自然にそのふるまいを身につけていきます。生きていく上での手段、方法を知り、学び、覚えていくのです。身につけるのは、嘘をつくという面ばかりではありません。さまざまな状況を体験するうちに、どういう行動が自分に不利になるか、何が自分にとって得であり、いかにして労力を使わず努力もしないですむかということを、知らずしらず学習していくのです。お世辞を言って人と付き合う方法、あるいは片方では悪口を言い、片方では褒めるという二枚舌を使って生きていく方法など、さまざまな生き方を学びながら大人になっていきます。

私たち大人は、いかにうまく人生を立ち回るかという知識を欲している人がほとんどですから、それらを見て育つ子供も、なるべく自分の有利に状況を展開させようとすることが当たり前と考えて育ってしまいます。

そのような生き方を覚えてしまうことは、それはそれで仕方がないと私は思います。しかし、物心もつかない幼い子供さえ、誰から教わったわけでもないのに嘘をつきます。なぜ人は生まれながらにして嘘をついてまで、自分が有利になるような状況をつくろうとするのでしょうか。

四歳、五歳の子供の嘘ばかりでなく、大人になるまでにつく数々の嘘は、自分が楽にうまく生きていこうという、生まれつき備わっている自分自身の「守り」の本能なのです。

それは自分を傷つけないための、自分を守るための方法です。純粋に生きていたら、誰かから傷つけられ、叩きのめされ、苛《いじ》められ、それを許してしまっては自分のこの世における生命の存在が危ぶまれるからなのです。嘘をついて自分を守ろうとすることは、本能的に身につけていることなのです。

赤ちゃんを観察しておりますと、お腹《なか》がすいたら泣き、体のどこかが痛くなったら泣き、おむつが濡《ぬ》れたら泣きます。これはもう、自分の身を守るための本能であって、泣くことによって大人たちが慌《あわ》てて飛んできて、「どうしたのか」と赤ちゃんを調べ、「ああ、今、お腹がすいているんだね」「おむつが汚いんだわ、すぐに取り替えてあげるよ」と世話をしてくれるからです。それで、自分の生命を維持することができるのです。

ですからそういう意味で、赤ちゃんでさえ生まれた瞬間から、自分が傷つけられないように、自分を守っていくという本能を持っているのです。同じように、嘘をつくことも、本能的に出てくるものに違いないと、私は思うのです。

もしも赤ちゃんが生まれたときから言葉をしゃべれたら、自分の都合のいいように親を振り向かせ、親を動かしていく力を持つことになるのでしょうか。私はときどき人間の本性というものは本当に何なんだろうと、不思議に思うことがあります。

嘘を繰り返し積み重ねる人生

どんな子供でも嘘をつきます。まして、「嘘をつかないようにしなさい」と子供を叱っている私たち大人は、実際どれだけの嘘を積み重ねてここまできたことでしょうか。あるいは、あちらに行ってこう言い、こちらに行ってその反対のことを言う。こういった二枚舌をどれだけ使ってきたことでしょうか。本当に自分にだけ都合のいいような言葉を繰り返して、出鱈目《でたらめ》を並べて言いつくろってきたのです。

人の悪口もたくさん口にしてきました。私たちは、人の悪口を言って、自分のうっぷんを晴らしています。

それから、偽り飾る言葉もたくさん使っています。「本来の自分は人の思っているような人間ではないんだ」と考え、そして「自分はあのような人間になりたいものだ」と憧れるのです。けれども、なかなか理想にはたどり着けません。そこには、惨めで卑屈で劣等感に覆われた自分がいることに気がつきます。しかし、そのような自分自身の現実を見て、そのまま認めることはとても悔しく、納得ができません。ですから自分自身を言葉によって飾ってしまうのです。偽りの衣で着飾って、よそ行きの装いで、本来の自分とはまったく違う自分が世間に出ていくわけです。

「嘘」「悪口」「二枚舌」「偽りで飾ること」。これら四つの言葉に共通していえることは、敵から自分を守るべき手段であるということです。そうしなければ、自分自身が傷つき、生きていくことができない、あるいは立ち直れなくなります。そこで、相手が自分を傷つける前に、自分自身を守ろうとするのです。

もちろん、自分を守るために、本当は嘘をつかなくても、悪口で人を陥れなくても、二枚舌を使わなくても、あるいは自分自身を飾ったりしなくてもいいのです。人間性の素晴らしさは、そのような方法を用いなくても十分発揮できるものです。ところが、人はそういう種をすでに持って生まれてきています。そして、年齢を重ねるにつれて、その種もどんどん成長していきます。成長するにつれ、その嘘も巧みになるのです。

幼いうちは、口のまわりにいっぱいチョコレートを付けて「ぼく、食べてないよ」と、本当に幼稚な嘘をついています。小学校になると少し利口になってきます。算数のテストで五〇点とったら、それをそのまま持って帰ると親に叱られるから、自分で点数を七〇点や八〇点に書き換えてしまう。すると親は「まあ、よくできたね」と褒めて、そして安心することになります。

どうして、そのような嘘をつかなければならないのでしょう。なぜ、五〇点を持ち帰ってそのまま両親に報告できないのでしょうか。それは、そこに自分を守る本能があるからです。自分を守らなければ親から攻撃を受けるからです。親から「おまえはできない子供だ」「努力が足りない」「ばかだなあ」と言われつづけて、心がこれ以上傷つくと立ち直れない、もう耐えられなくなっているからなのです。子供は本能的に自分を庇《かば》っています。それが嘘をついている姿なのです。

やがて大人になって社会に出ると、今度は会社の中で、家庭の中で、夫婦の間で、お互いに嘘をつき合い、飾り合うようになります。そして、自分より地位の低い人をけなし、成績の優秀な人をこきおろすことによって、自分が抱えている劣等感を解消してしまうようになるのです。

やはり人間という存在は、純粋には生きていかれない弱さというものをどこか身につけて生まれてきています。

しかし、私がここで強調しておきたいことは、本来は嘘をつかなくても、二枚舌で欺《あざむ》かなくても、自分を偽り飾らなくても、また人の悪口を言わなくても、純粋で無垢《むく》のまま、しかも自分が傷つかないで強く生きていく方法があるということです。そして、ほとんどの人がそれを分かっていないということです。

一人ひとりがありのままの姿を見せればよい

世の中は、適当に善と悪の両方を兼ね備えて、上手く混合させて、世渡りをすることが常識になっています。政治家も汚職をするし、選挙でもごまかすことが当たり前のように考えられています。そして、国と国との関係でも嘘や偽りがまかり通っていますから、ついには、国同士の戦争にまで発展していくことさえあるわけです。

宗教同士でも例外ではありません。嘘、偽り、二枚舌、悪口でお互いの神をけなしあっています。そして、自分たちの神だけが正当だと言い張っています。どうして個人が信じている宗教が、他の宗教と争わなければならないのでしょう。

そこには、その神を支持している信者さん一人一人の心に弱さがあるからです。

自分の信仰する宗教の神は、ほかの宗教の神よりも強く、素晴らしく、絶対的な存在だと信じ、ほかの宗教や神をおとしめる背景には、その信仰や神の力によって自分自身の心の弱さを拭《ぬぐ》い去りたいという願望があります。自分の宗教の神のみを支持することによって、弱い自分が強くなれると思い込むのです。

心の中では嘘偽りと分かっていても、長い間自分をごまかし、それを信じているうちに、ついには正しいことだと信じてしまうようになります。自分の中で嘘が真実に転化してしまうのです。長年嘘偽りが繰り返されていると、それを真実として疑うことがなくなり、正当だと思い込んでしまいます。

戦争をはじめとして、世の中のさまざまな乱れや不調和を見ていると、やはり一人ひとりの心の持ち方が大きくかかわっているのだと思わざるを得ません。一人ひとりが嘘をつき合っています。嘘をつき合っている人間が、社会を構成し、国家を支えています。その国家同士が、また嘘をつきあってぶつかり合っているのです。

「世界が平和であるように」「世界人類が調和していくように」というスローガンを掲げるより前に、なされなければならないことがあります。それは、自分自身の心を正し、調和させることです。嘘をつかなくても、二枚舌を使わなくても、自分を飾らなくても、人の悪口を言わなくても、いっさい暗黒的なマイナスの否定的な想念を出さなくても、自分自身の自然な姿を見せていくことができなければなりません。一人ひとりが、自分を嘘でつくろい、かばうことなく、強くなってそのままの姿を見せていく、ありのままの姿で友をつくっていく、ありのままの姿の夫婦になっていく、ありのままの自然体の姿で親子関係を結んでいく。そうすると、嘘をつかなくても、飾らなくても、偽らなくても、悪口を言わなくてもすむようになります。

責め裁く自分が病気や事故を招く

嘘をつくのは、第一に人をごまかすためです。では、人をごまかして、それで心が平和で安心していられるかというと、決してそうではありません。嘘をついていると、ついには自分を尊敬できなくなります。

本来、人間の心は善そのものです。自分の中には、本当に太陽のようにすべてを照らし出している、神そのものの本心の自分がいます。一方、嘘をつくことを許しているもう一人の自分がいます。その一番根本的な自分は、嘘をつくのを認めているもう一人の自分が許せません。自分を愛することができない理由は、ここにあります。そして、心の中で「自分は何て弱い人間だろう」「卑屈な人間だ」「何とずるい人間なんだ」と、時間がたつにつれて、自分自身を批判する自分が形成されます。自分自身が自己分裂を起こしてしまうのです。正しい人間である自分と、ずるくて弱い人間である自分とに分かれてしまうのです。さらに、そうした嘘をつく「ずるくて弱い」自分を認めることができないので、自分自身をごまかすために嘘を重ねながら、成長していくことになります。

ですから、一回嘘をついてしまうと、嘘の上塗りを続けていきます。その嘘がばれないように、その嘘をつくろうために、また次の嘘をついてしまうのです。嘘が嘘を呼び、どんどん輪をかけて大きな嘘をつくことになります。小さな嘘が何十何百と重なって、大きな嘘となり自分を塗り固めてしまいます。そうすると、「本当の自分」ではない偽善者のような人間になっていくのです。そして、本心ではそういう自分を愛せないし許せません。ですから、自分が自分を責め裁いてしまうようになるのです。責め裁くことによって、自分自身を納得させるのです。こういう悪循環を辿って、自分を病気の方向へ、事故の方向へ、運命を悪い方向へともっていくことになります。

病気になる、事故や災難に遭《あ》う、不調和になる、これらはすべて自己処罰の現われです。「自分は悪い人間だ。だから病気になって当たり前なんだ」「何十年も嘘をつきつづけてきた自分は、病気になって当然なんだ、ああ病気になって良かった」と、嘘によって人をごまかしてきた自分が、処罰を受けてほっと安心するのです。

ところが病気になったら、こんどは病気に苦しみ悲しむ自分が芽生えてきます。この自分は、「自分の嘘、偽りを自分で裁いた結果、病気になったんじゃない」「自分は正当な理由があって病気になったんだ」「一生懸命仕事をしすぎて病気になったんだ」と思いたがります。そして、周りの人に自分の病気を正当化するために、また嘘をつくのです。

何しろ人間の人生を振り返ってみると嘘、嘘、嘘の連続です。小さな小さな嘘、人には分からない嘘の積み重ねの人生なのです。しかし、自分にはそのことがよく分かります。だから何となく、本当の自分に戻りたいとどこかで願っているのです。

しかし、「本心の自分に帰りたい」「神そのものに帰りたい」と心から欲すれば、今まで嘘や人の悪口を言いつづけ、自分を嘘偽りで飾ってきた自分が許せなくなります。それで、自己処罰してしまうという、繰り返しなのです。何と哀れで、何と馬鹿げた、何と愚かな人間の人生なのでしょうか。

神を顕し、神そのものであるという教えに徹する

物心もつかない子供が、誰からも教えられないにもかかわらず嘘をついてしまう姿。それは、すでに心の中に前生の因縁の種がまかれてあって、それが現われ出てきた姿なのです。

私たちは、どうあがいても、嘘をついてしまう存在だとすれば、これからいったい

どう考えて生きていけばよいのでしょう。

「嘘をついてはいけない」「二枚舌を使ってはいけない」「自分を偽ってはいけない」と、すべて禁じてしまうと、とても苦しくなります。これでは、一方で嘘をつきながら、もう一方でこれをしてはいけないという、偽善に変わってしまいます。

「嘘はついてもいい、それは消えてゆく姿なのだから」「自分は何百生転生《てんしょう》を繰り返してきたんだから、これは前生《ぜんしょう》の因縁だ」と考えるのです。そして、嘘をつきつづけてきた弱い自分を消えてゆく姿*注1として、世界平和の祈りの中へどんどん投げ入れることです。そういう不完全な自分があると同時に、一方では完全な自分、神そのものの自分がいるんだと、その方向へ想いを集中することです。そうして、「私は神を顕《あらわ》そう、神の完全なる愛を顕そう」と祈ってください。嘘をつきそうになる自分を「神を顕そう」「神を顕すんだ」と、神の中に、完全円満なる神の中に昇華していけば、嘘をつかないですむのです。

嘘をつかないためには、もう一つ、「人間本来神そのものである」「本心そのものは光り輝いているものである」という教えを心の中にしっかり持っていれば、嘘をつかないですむ人生が展開されてゆきます。そのためには、正しい教え、正しい宗教につながって、自分の偽った人生を自分自身で壊し、新しい自分を見つけて、新しい人生を展開していくことが大事であると思います。

五井先生[*注2]の教えである「消えてゆく姿で世界平和の祈り」を徹底的に実行しつづければ、嘘を重ねる愚かな人生を繰り返さないですむことになります。

（一九九五年七月）

注1 消えてゆく姿で世界平和の祈り　すべての悪や過ちを、責め裁くかわりに、前生の因縁の消えてゆく姿とみて、世界平和の祈りに託して、神の光明波動の中で消し去ろうとする教え。世界平和の祈りは巻末参照

注2 五井昌久《ごいまさひさ》先生　大正五年、東京に生まれる。昭和二十四年、神我一体を経験し、覚者となる。白光《びゃっこう》真宏会を主宰、祈りによる世界平和運動を提唱して、国内国外に共鳴者多数。昭和五十五年八月、帰神（逝去）する。著書に『神と人間』『天と地をつなぐ者』『小説阿難』『老子講義』『聖書講義』『五井昌久全集』等多数。

謝る

人間にとって、もっともむずかしい行為は、何でしょう。それは、謝《あやま》ることではないかと思います。「謝る」と簡単にひと言でいっても、実際に行動として現わすことは大変難しいことです。

友達に対しても、なかなか素直に謝ることはできません。夫婦関係においてさえ、妻が夫に謝る、あるいは夫が妻に謝るということはなかなかむずかしいものです。

なぜ、人は素直に謝れないのでしょうか？　なぜ失敗を失敗として認められないのでしょうか？　それは、自分自身の自我が強いためだと、私は思っています。

そのような人は、謝ることは自分の失敗にさらに追い討ちをかけ、自我が打ちのめされ、自分が負けたことになると思っています。このような誤った固定観念があるので、なかなか人に対して謝れないのです。

自我意識が強いと相手と自分を対立して見るようになる

自我がなくては人間は生きてゆくことができません。自分の存在を確認し、人生を貫く意志も自我意識から発せられます。また、自分の理想を社会に具現化するために自分自身を導いてゆくのも、自我なのです。

ところが、自我があまりに強くなると、自分と他人とを常に対立した構図で見てしまうようになります。自分は他人より勝っているか、劣っているかにもっぱら関心がゆくようになります。自我の強い人は、自意識も強く、絶対人に負けたくないと思っています。いつも他人に対して有利に立っていたいと願うのです。

ただし、人間は自分にまったく手の届かないレベルや無関係な世界にいる人に対しては、嫉妬や怒りや批判はわき起こらないものです。日曜ゴルファーが、世界のトッププロゴルファーに対して競争意識は持ちようもありません。カラオケを楽しんでいる一般の人が、世界的なプロ歌手に対して嫉妬を覚えることはないでしょう。自分の技術、才能、能力の限界がわかっているかぎり、一流スポーツ選手や一流芸術家などの、自分をはるかにしのぐ能力の持ち主に対して、競争意識の芽生える余地はありません。どんな好成績をあげようと、優勝して大勢の人から称賛を受けようと、まったくこだわりが起きません。自分も一緒になってうれしくなり、共に喜びを分かち合うことができます。

けれどもそれが、血のつながりのある家族や兄弟、いとこや叔父、叔母、友人や同僚といった自分と関係の深い人に対しては、いつでも競争心が起きてきます。要するに、自分の身近にいる人に対して競争心を燃やすのです。能力レベルや生活環境が似ている者同士、同じ学校を出ていたり、同じ塾に通っていたり、年齢が同世代であったりした場合、そこに優劣の差が生ずると心の中が穏やかではなくなります。相手が自分より優勢であれば、憎しみ、嫉妬、そして今度は自分のほうが何とか有利に立とうとして、競争心が芽生えるのです。

競争心の芽生えは、強い自我の現われを意味しています。

「自分はあの人よりは優れているのだから、大勢の人たちから認められたい」「自分というこの存在を明らかにしたい」という気持ちが、とても強く芽生えてきます。相手が自分よりも素晴らしいと思われることを成し遂げたり、自分よりも優れたアイデアを出したりすると、それに対して心から称賛できません。心から相手をたたえることができないのです。

表面的には「よかったわね、素晴らしかったわよ」と言葉をかけても、心の中は穏やかではありません。フツフツと嫉妬心が燃え上がっています。自分が相手より劣っていることが腹立たしくて仕方がありません。しかし、一方では自分自身のいたらなさを棚に上げて相手を憎み、怒りや不満を感じてしまうのです。

それは、他人に向けられた憎しみであり、嫉妬であり、不平不満ですが、苦しむのは結局自分自身です。自己嫌悪や劣等感に陥ったり、自分の才能に絶望を感じたり、葛藤にもだえます。

そうすると、常に競争に負けまいとして、自分自身を叱咤《しった》激励していなければなりません。ほとんどの人は、そのような苦しみを毎日毎日繰り返し、一日一日を過ごしているのではないでしょうか。そこには人生の喜びは少なく、本当に平安な日々はついにやって来ることはないでしょう。

自分を高める方向にエネルギーを転換する

常に競争意識が生まれ、嫉妬心や自己嫌悪におちいる人たちは、どのような態度で物事に対処すればよいのでしょうか。

まず、自分自身の自我を向上させるようにもっていかなければなりません。また、自分の心を抑制する方法も知らなければなりません。抑制といっても、自分の自我を押し込めて表に出さないのではなく、コントロールするのです。自我が芽生えるには物凄いエネルギーが必要です。そのエネルギーをもっと有効な方向に向けるのです。もっと自分の良さを引き出し、能力をより発揮でき、より自然体で生きられるような方向にエネルギーを転換してゆくのです。平安と喜びと感謝にみちた人生を送るためにコントロールしていくのです。自分自身というほかにはない個性を伸ばしていく方向に、そのエネルギーを使うのです。

自分の能力は、誰よりも自分自身が知っています。だから、相手と比較して嫉妬し、憎しみを抱いて苦しんでいる自分に、いくら他人がなぐさめの言葉を投げかけても、自分自身が承知しないし、納得できません。エネルギーを転換する方法を知らなければ、いつまでたってもこの苦しみや悩み、悲惨さから自分自身を救うことはできません。

多くの人たちは、与えられたエネルギーを常に否定的な想念に使い果たしてしまいがちです。しかし、どうしても自分自身の力でエネルギーを転換しなければなりません。

まず、エネルギー転換を図る第一歩は、自分が作り上げている固定観念の殻を破ることです。自己を縛りつけている固定観念から解放されることが第一です。競争意識にとらわれたままでは、エネルギーが自己を高める本来の方向にいかず、他への憎しみへといってしまいます。日々、そのような状態が続いていくのです。どこかでエネルギーの方向を変え、自分が伸びていくために、自分の神性を輝かすために使っていくという、本当の生き方を求めなければなりません。

エネルギー転換のためには真理を知ることが第一

そのためには、真理を知ることです。真理を知らないために九九パーセントの人たちが苦しみ、悩み、悶《もだ》えています。

「この世は悲惨だ」「この世は苦悩ばかりだ」「生きるということは、苦しいものだ」という言葉をよく聞きます。しかし、真理を知っている人は、生きることは喜びであり、安らぎであり、一日一日が神に近づいていく素晴らしい過程なのだということに気がついています。

真理を知るということはどういうことでしょうか。

本来、人間は神の子である、神そのものであるというたった一つのこと、このたった一つの真理を知ってさえいればよいのです。そうすれば、あの人も、私も、みな神の子であって、神の子であれば優劣の差はなく、比較して不平不満を起こすこともありません。

神の子が能力的に劣っているわけでもないし、神の子が愛と思いやりに欠けているわけではありません。神の子のどこかが欠乏しているわけがないのです。神の子であれば、すべてが完全であるし、円満であるし、思いやり深く愛に満ちているし、あらゆる才能が伸びていく可能性に満ちているはずです。

あらゆる可能性が現在のあなたの中に内在しています。一〇〇パーセントの愛が内在し、一〇〇パーセントの思いやりが内在し、一〇〇パーセントの叡智が内在し、一〇〇パーセントの才能が内在しています。そのような神の子である自分の、今ここにある能力をどうやって伸ばしていくか、いかに発掘していくかが一番大事なことです。

このことに自分のエネルギーを注いでいれば、他との比較が行なわれることなどありません。毎日、毎日、自分との比較だけです。昨日の自分よりは今日の自分が良くなろうというふうに努力する。真理を知れば、そういうふうに自我をコントロールすることができるわけです。

素直に謝ることの意味

私は謝ることが大好きな人間です。たとえ五歳の子供に対しても、自分が悪かったと思えば、素直によろこんで謝ります。母親や友人や周りの人たちに対しても、すぐに謝ります。心の底から自分のいたらなさを反省して謝るのです。相手によく思われようとか、相手から馬鹿にされるとか、相手から蔑視《べっし》されるとか、そんなことは問題ではありません。

素直に謝れば、相手は私を赦《ゆる》してくれるし、寛大な心で思いやりと愛の言葉を述べてくれます。そのことを発端にして、お互いはより調和し、信頼感が増し、素晴らしい大きな一つの輪になって進んでいけるわけです。

さらに私の場合、相手のほうが悪いと分かっていても、自分から先に謝ってしまいます。いつまでも不機嫌な、不調和な、滅入るような状態を引きずっていては、生命エネルギーの無駄であると、本心から考えているからです。問題が起これればそのつど、その場で解決し、新しく出直したいのです。これは、新しい気分で新しい一日を始めるという私の信念でもあります。一刻も早く、その場所、そのときから再出発したいと思うのです。

「相手が悪いことが分かっても、自分が謝るのは間違っているのではないか」と思われるかもしれません。

「それは弱い人間のすることではないか」「相手に迎合《げいごう》することではないか」「相手に媚《こ》びることではないか」「相手に対して、さらに業《ごう》を積ませることではないか」などと考えることもできます。しかし、私はそうではないと思っています。

一つのことに対して一時間でも二時間でも、一日でも引きずっているということは、生命エネルギーの浪費以外の何ものでもありません。一刻も早くその場で解決をして、生命エネルギーを、新たに神に近づいてゆくために使いたいのです。真理が分からない人に対して反省を促しても、何年たっても謝られることはないでしょう。そういう問題を引きずっていることほどむなしく、愚かしいことはないと思います。

また、相手が真理に目覚めるように導くうえでも、まずこちらが素直に謝って問題をなくしてしまい、相手に新しい因縁を作らせないようにするのです。そして、喜びをもって再出発するようにもっていきます。相手にいつまでも悩みつづけてもらいたくないのです。そういう心を引きずって仕事をしたり、子育てをしたりしてほしくないのです。

嫁姑関係でも、いつまでもいがみ合って生活していると、その雰囲気が夫や子供たちや孫といった周りの人たちに影響を与えるに違いありません。そのような状態を一刻も早く食い止めるためには、真理を知った人がまず謝ればよいのです。それにより、相手が喜んで生きてゆかれるなら、それでよいのではないでしょうか。自分が謝ることによって、相手の天命が完《まっと》うされますように、あるいは相手が一刻も早く真理に目覚めますようにと願うことは、決して負けたことではないし、相手に媚びることではないし、相手を立てることでもありません。

お互いが喧嘩や失敗などを通して、消えてゆく姿で消えていって、これから良くなろうとする瞬間ですから、消えてゆくときには、憎しみや不平不満や嫉妬心などあらゆる業想念《ごうそうねん》が出てきてもかまいません。その出たあとが大事です。まず、素直に心から謝らなければなりません。自分が悪ければ、なおさらのこと謝らなければいけません。

謝れば、新しい生き方、新しいアイデア、新しい喜び、希望に満ち溢れた出発ができます。ところが謝ることができなければ、その後ずっと悩みが続きます。その日一日、胸がふさがって重くため息ばかりつくことになるでしょう。あるいは、相手の謝るのを待ちつづけても、不満や怒り、憎しみや嫉妬心などがうずまき、自己嫌悪におちいります。これは無駄な虚しい時間の使い方なのです。

まず、思い切って謝ることから始めてください。相手が謝るべきことに対しても自分から謝ってしまう。一回自分から頭を下げてしまえば、謝ることなんて何でもないことです。自分が傷つくこともなければ、もちろん相手が傷つくことでもありません。そのとき、その場の雰囲気や出来事によって言葉は違ってくるでしょう。しかし、謝ることによって、相手は真理に目覚めることを促されます。そして、相手は自分が悪かったということに気がつき、新しい出発ができるのです。

謝ることのできる人は、立派な人です。

謝ることができる人は、勇気ある人です。

謝ることができる人は、器の大きい人です。

謝ることができる人は、真理を知っている人です。

謝ることができる人は、愛深い人です。

その逆に、謝ることのできない人は、自我の強い人です。

謝ることのできない人は、競争心の強い人です。

謝ることができない人は、弱い人です。

謝ることができない人は、器量の小さい人です。

謝ることができない人は、人生がいつも苦悩と悲しみの連続です。

このように考えてくると、謝ることは、生きていくためには根本的な行為ということが分かります。

毎日の朝の「お早うございます」という挨拶。食事をいただくときの「いただきます」。寝る前の「お休みなさい」。これは人間にとって、最低限必要なコミュニケーションです。それと同じように、相手を思いやる言葉、褒める言葉、それと謝る言葉は人間にとって必要な言葉なのです。

ですから、今までなかなか自我が強くて、また競争心が強くて、勇気がなくて謝ることができなかった人は、どうぞこれから自分の心を強くして、一回謝ってみてください。何でもないことが分かるでしょう。そうすると、自分の人生が変わってくるし、自分を取り巻く周りの人たちの生き方も変わるはずです。

（一九九五年三月）

自然体

自然体とは人と自分を比べないこと

私は仕事柄、人と接する機会が非常にたくさんあります。毎日大勢の人と接していると、直観的に嘘の多い人か、虚偽虚飾の多い人か、大風呂敷を広げる人か、自信があるかないか、愛に飢えているかどうか、といったその人のことがたちどころにわかってくるものです。私の場合、顔つき、姿、態度、振る舞い、言葉づかい、目付きなどを見ると、ただ一瞬にしてその人のことが判断できます。

そのような私の経験から、世の中の人と上手に交わるコツといったものをお話ししたいと思います。

人と接する場合、まず頭に思い浮かぶことは、「自然体に振る舞う」ということです。自然体というと、一見簡単なように思えますが、自然体に振る舞うことほど大変なことはありません。自然体とは、自分自身がそのまま裸の心になって、何も包み隠さず相手に見てもらうということです。いわば、相手に評価を任せてしまうという態度ですから、自分の中味、自分そのものがなければ、自然体に振る舞うことができないのです。

それから、自分の心に嘘や魂胆があると、とくに初めて出会う人には自然体で振る舞えなくなります。詐欺師のように人の心をだまそうとする気持ちがあると、自然体でいられなくなります。また、自分が良く思われたい、今以上に立派な人間、優秀な人に思われたい、誠心誠意の人に思われたい、といった虚勢をはっていると、初めて出会った人に対して自然体に振る舞えなくなるのです。

人間というものは、無意識のうちに人と自分を比べてしまうものです。だいたい、人は自分と他人とを比べて、侮蔑したり、見下したり、「ああ大したことないや」と一瞬にして評価を下すものです。「この人は自分より上だろうか」「学歴はどのくらいだろう」「どこに住んでいるのだろう」「家族はどうだろう、どこからお嫁さんをもらっているのだろう」「子供はどこの学校へ行ってるのだろう」などと想像し、優劣を決めて、自分が劣っていると思ったら自信がなくなって、相手にへつらってしまいます。あるいは、相手が自分より劣っていると思ったら、突然威張りたくなったり、侮蔑したり、馬鹿にしたり、偉そうなことを言ったり、横柄《おうへい》な言葉を使い、横柄な態度をつくりがちです。

相手よりバックグラウンドや才能、学歴、知識といった点で自分のほうが劣っていると見た途端に、自分の姿や自分の見識や自分の力がみすぼらしく貧しく思えてきて、相手にへつらうようになります。その結果、相手を敬い、反対に自分をおとしめてゆくのです。しかし、それは正しい関係ではありません。

自然体で振る舞える中味のある人間は、相手に評価を下しません。優劣をつけません。他人と自分との比較を決して行なわないのです。他人は他人として認め、他人の生きる道がたとえどんな道であろうと、それは他人の行く道であって、決して自分と比較することがありません。また自分に自信がありますから、他人の良い面を見ることができます。積極的に素晴らしい面を摑《つか》み取ろうとします。

相手が立派なら心から尊敬してやまない心を備えています。世間の評価でたとえ自分以下の人のように見えても、決して以下とは思いません。「今、この人はこのような体験をしているが、半面、素晴らしいところがある」と相手を認めようとします。今、悲惨で苦悩多く、一見馬鹿のように見える人に対しても、その人の中に、尊い姿を見ようとします。美しい面をできるだけ心がけて見いだそうとするのです。そういう姿勢は、相手の心に自信を持たせ、相手の心に本当の喜びをもたらし、忌憚《きたん》なく話し合うことができ、そして真に親しくなれるのです。

自然体で接すると終生の人材を得る

自然体で振る舞うということは、相手に自分のことを正しく評価してもらうということです。自然体でないと、せっかくのかけがえのない出会いをみすみす逃す結果にもなりかねません。よき友、よき師といった、人生において欠かせぬ人物であるのに、せっかくのチャンスを失ってしまうことにもなります。

人間関係においては、無心に接すること、本当に裸の心で接することが大切です。才人や有能な人の中には、慢心や偏見を持っていて、どうしても無心で人に接することができない人が多いものです。自分を偉そうに見せたり、博学のように見せたり、自分のバックグラウンドが優秀であるように吹聴したりします。知識欲のある人や指導的な上に立つ人は、おうおうにして自己主張が強く、自分がどれだけ素晴らしいかを主張したがるものです。

自分がどういう存在であるかを、ありのままに説明するのなら、相手も自然に納得します。本当に正直な心というものは、人を説得し、人の心を魅了するものなのです。けれども、そこに偽りの影や虚飾を感じますと、人は心からその人を尊敬しないし、従うことも、友達になることも嫌《いや》がります。

ですから、人間が生きていく上で一番学ばなければならないこと、一番なさなければならないことは、常に自然体であることです。裸の心になって自分をそのままさらけ出すこと。これができる人は、大勢の、しかもいろいろなタイプの友を得ることができます。

さまざまな困難、挫折に出会ったとき、あるいは厳しい立場に立たされたとき、悲惨な状況に陥ったとき、手を差し伸べてくれるのは友達なのです。友達はお金や知識では得られない財産です。自然体で、誠心誠意つき合う中から、真の友達が現われてくるのです。

病気になったり、事業で失敗したとき、あるいは夫婦間のトラブルで落ち込んだとき、子供のことでの悩みなど、さまざまな人生の局面で助けてくれる素晴らしい人と出会うことができるのも、日頃から自然体で人と接していればこそです。

「自分がどう思われるだろう」と、他人の評価にビクビクしている人は虚心で人と接することはできません。そう思った時点で良い友を得ることはできないのです。その人は、「自分の人生に自信を持って生きることができない人」といえるでしょう。

自分に信念があり、自分に実力があり、自分に相当の力がある人は、人からどう思われようと関心がなく、人に良く思われるために飾ろうというような姑息《こそく》な考えも心に浮かびません。裸の心になってすべてを捨て、どう思われようと構わない、何と思われようと構わない、虚心坦懐《たんかい》になって人と付き合うことができる人です。

接する人たちの意見を自分のことのように聞き、アドバイスに感謝し、自己を主張せず、相手の立場に立って赤子のように純粋に受け入れる。そのことが一番大事なのです。そして、努めてその人の良い点、素晴らしい点、長所を見るように心がけることも大事です。

人の模倣ではなく、自分の天命を見いだし完成に近づけてゆくことが第一

人と人との関係は、必ず自分や相手以外にも、第三者からの評価なり批評、批判を受けます。そのときに、どんなふうに思われてもよい、弁解もしなければ繕《つくろ》うこともしない、自分のやっていることを改めて人に知らせる必要もない、「ただ自分のありのままの姿を各自のレベルにおいて見てもらえれば十分だ」と思えるだけの人間になれば大したものです。

私はそのように思えるまでずいぶん時間がかかりました。指導者と言われる仕事を与えられたとき、それまでその立場にあった五井先生と比べて、「どうしてもかなうわけがない」と情けない気持ちになった時期もありました。五井先生の使命感、天命、そしてその大きな魂と私の魂を比べたら雲泥《うんでい》の差であります。それを、五井先生と比べて「自分はどこまで達しているだろう」と思ってしまったら、もう指導者どころか、人を導くことすらできません。

ですから、比べるのではなく、自分のカラーをそのまま、自分の持っている範囲のものをそのまま現わしてゆけばいいと思ったのです。

人からどう思われようと、また五井先生と比較されて、まだまだ至らない、器が足りないといった、あらゆるご批評やご非難があるにちがいありません。でも、それはその人の思い方、考え方であって、自分自身としては自分の持っているものを努めて発揮するだけであり、五井先生と比べるべきではないとわかったのです。

私自身、五井先生と同じような道を進んでいるわけではありません。もちろん五井先生の真理や、メソッド（方法、方式）、五井先生のなさった行ないに敬意を払い、その道に従ってゆくものであります。けれども、五井先生と違った自分自身のカラー、自分自身の生き方、自分自身の才能、自分自身の能力というものを生かしながら、裸の心になりながら、五井先生に近づこうと努力しています。しかし、五井先生と同じだという評価を得たいという気持ちは、私の中には一切ありません。本当に心の底から一切ないのです。

五井先生と私は違うという観点に立っていますから、比較をしません。だからこそ私が今日まで自分なりの生き方を貫いてこられたと思うのです。

もしも常に五井先生と比較してみて、劣等感におちこみ、自分の至らなさを恥じ、情けなく思い、心の貧しさを感じていたならば、人の上に立つ指導者になれるはずはありません。やはり五井先生と違った自分自身のカラーで行動し、そのカラーが尊重され、そして役立つので、五井先生はじめ、神々様が私を人類の指導者にしてくださったのだと、私は自負しております。

私の心の中には五井先生そのものが入り込んでおりますし、五井先生と同じ心を持ち、同じ感覚を持ち、同じ真理の中に生きていると思っています。そして私は、五井先生の境地に達するまで、あの五井先生の深い慈愛に満ちた、そして人類のことのみに生きた、私心のひとかけらもなかった、神のみ心に沿った生き方をしたいと常日頃、思っております。

だからといって、五井先生のように振る舞えない自分がいることもわかります。五井先生のようにもっともっと深い愛を持ちたいと思います。しかし、慈愛に欠けている自分を思うとき、自分を情けない、自分は未だその任にあらずとは思いません。やはり自分は自分として与えられた天命、自分のカラー、自分自身の個性をあくまでも伸ばし、完成に近づきつつ五井先生のみ教えに沿った生き方をしていきたいと思っています。

どんなにその人を自分が尊敬していたとしても、その人に自分がなる必要はないし、またその人と比べて自分が劣っているとして、「情けない」とか「心が貧しい」と思って卑下することもありません。自分自身の個性、自分自身のカラー、自分自身の天命を見いだして、自分自身を成長させ、完成に近づけてゆくことこそ本当の生き方ではないかと思うのです。

人間というものは、自分自身に誇りを持ち、威厳を持ち、自分を尊び、自分を崇《あが》め、そして神の子そのものであるという自覚をもって生きなければ本当の生き方、そして自分の天命を完うすることはできないと、私は思います。

最終的にはどの道を通っても神の子、神になるということに変わりはありません。自分も神の子であるし、五井先生も神の子であるし、そしてまた、縁によって出会う人も神の子であるわけです。

そこで比較することはないのです。なぜならば、神であるわけですから。究極的にはみんな神、神の子であるのですから。

神に至るプロセスにおいて優劣があろうとも、結果においてはまったく同じです。最後はまったく神そのものになるのです。そこに自分を良く見せる必要もないし、自分を飾る必要もありません。自分のそのままの姿を見せてゆけば、しまいには誰も彼もが神の子の姿を現わしてゆきます。それが遅いか早いかの違いがあるだけです。遅い人もいれば早い人もいる。それは前生の因縁によって決まるものです。

現在の自分が生きていく上で、一番心がけなければならないことは、「自分自身をそのまま飾らずに、裸の心を持って人と接する」ということです。この一言に尽きると思います。どうぞそのように心がけて、人との尊い結びつき、縁を大事になさっていただきたいと思います。

（一九九四年九月）

お見合い

縁ある人は無限に存在する

私は仕事柄、友人や知人、親戚からお見合いや結婚について尋ねられたり、相談を受けたりすることがあります。中には、これから結婚しようとしているご子息やお嬢さんの見合い話の相談にみえる方がいらっしゃいます。写真や履歴書を持ってきて、「この方は息子に適しているのでしょうか?」「娘にどうでしょうか?」と、尋ねられます。

私は、そのような相談を受けたとき、何を根本に置くかといいますと、一番大事なことは、息子さんやお嬢さんと相手の方の因縁性《いんねんしょう》なのです。

息子さんやお嬢さんが良い因縁の相手を選んで、今生で自分自身を磨き高め上げ、立派な人間として人生を歩んでゆくこと、それが人間本来一人ひとりに与えられている天命です。したがって、結婚を通して自分を磨き上げる人になってほしいと願うのです。

結婚して、夫婦間で磨きあって素晴らしく向上する人がいます。また、生まれた子供によって自分が磨かれ、立派になっていくケースもあります。もちろん、結婚をしないで独身を通して、自分自身を高め上げ、天命の道を歩む人たちもいるわけですが、因縁によって結婚の人生を選ぶかぎり、できれば自らをより高みに導いていってもらいたいと希望するのです。

ところが、私が因縁性にもとづいて「この方がよろしいんではないですか」とお伝えしても、実際にご子息やお嬢さんがその方と見合いをしてみると、どうしても結婚に結びつかないケースも出てきます。お見合いが成就しないわけです。いくら周りの人が「結婚相手にはこの人がふさわしい」と決めても、「気に入らないから」「自分の望んでいる人と違う」と、本人のほうから断られたりします。

しかし、ここで大事なことは、あくまでも「本人の意思」によって自分の配偶者を決めなければならないということと、因縁性という面から考えますと、自分の結婚にふさわしい縁の人は、この世で「たった一人ではない」ということです。配偶者の候補は、人によって個人差はありますけれども、一〇人、二〇人、三〇人、四〇人と、いくらでも縁によって出てきます。そこで、お見合いを二〇回も三〇回もする人がいらっしゃるわけです。

「袖触《そでふ》れあうも他生《たしょう》の縁」という言葉があります。家族や友人といった親しい人ばかりでなく、町ですれ違っただけの間柄にも前生の因縁があるものだという意味ですが、まことに真実だと思います。

現在、地球上には五十八億もの人々が住んでいますが、このうちほとんどの人とは会うことも話すこともなく一生を終えてしまいます。しかしその人類全体の中から、毎日の勤め先に向かうバスに乗り合わせる人たち、同じホームで一緒に電車を待つ人たちがいるわけです。毎日、毎日、出会う人は違うかもしれないけれど、同じ場所に集まる人たちがいる。ちょっと時間がずれたら全然違う人たちの群れの中に自分がいることになります。一年間、二年間、三年間、同じ会社や学校に通っていて、いつも同じ時間に同じホームで出会う人たちがいます。同じホームで一瞬に出会うたくさんの人たち。これも因縁がなければ出会うことはありません。

毎日の生活で、何百何千の知らない人たちとどこかしらで出会いを繰り返しています。駅のホームで、会社や学校で、喫茶店やデパートで出会っています。けれども、それは話したこともないどこの誰かも知らない赤の他人であったり、記憶にも残らない人たちであるわけです。そういう数多くの出会いの中にあって、やがて知りあいとなり、たった一人の自分の結婚相手が浮き彫りにされてくるわけです。

大切な人は順番どおりには現われない

私は先に、ご相談にみえた方のご子息やお嬢さんに「結婚相手にふさわしいのはこの方ですよ」と申し上げるに当たって、因縁性を根本に置くと言いました。では、因縁性のどこを見て、このようなことを申し上げるのかと言いますと、パズルを想像していただければよいと思います。一人のご子息の写真があったとします。その写真を百枚に切ってばらばらにしたとします。そしてその百枚の破片《ピース》がテーブルの上に散らばっています。それを改めて一つひとつ拾い上げ、頭や手、足、唇、目、小指……そういうものをジグソーパズルを完成させるように、組み合わせていって、元の姿に仕上げていくと思ってください。そのときに一番大事なのは、やはり人間でいうと脳の収められている頭の部分です。頭部には、耳や目や口や鼻があります。次にその下に胴体があり、胴体には手と足が付いています。この人は、ご子息の、お嬢さんの頭部にあたる人だろうか、と判断するわけです。

　重要な順番に並べれば、頭部からだんだんでき上がっていかなければなりません。しかし、例えば自分がフッと取り上げてみると、それが左手の小指であったりするかもしれません。そうすると、左手の小指は本当に末端にあって、重要な頭部からはずいぶん遠くにあるものです。早く完成させたければ、小指よりもまず右目や左目が出てこなければいけないし、鼻が出てこなければならない。そうして頭を早く完成したいのですが、また次に出てきたのは足であったり、手の親指であったりして、なかなか本命である目や鼻や額が自分では見つけ出せないで、どんどん周りのほうから拾い上げていくこともあるわけです。

ところが、そこで拾い上げた左手の小指一本がその人を形作るのに必要ないものかというと、とんでもないことです。左手の小指がどれほど必要であるか分からないくらいです。自分を構成していく順序としては、真っ先に必要ないのかもしれないけれども、完成された人間として見た場合には、いくら左手の小指であっても、その存在というものはいかに大事かということが分かります。

右利きの人は右手のほうをよく使うし、大事だと思っています。右手の指の中でも、とくに親指が一番大事です。それから、人差し指、中指、薬指、小指の順になるわけですけれども、この中の一本がなくても、調和した動作は生まれません。

小指は、何の役にも立っていないように思う人がいるかもしれませんが、この小指が何かの折に傷ついて使えなくなったとき、残りの四本の指で作業をしようとすると、バランスが崩れてしまいます。顔を洗うとき、水をすくうにしても、小指が働かないと水が手のひらからこぼれてしまいます。小指が一本欠ければ、庖丁《ほうちょう》で野菜や果物を刻むことすらむずかしくなります。ハサミを持つにしても、ボールを投げるにしても、何をするにも不自由で、今まで完璧にやってきたことが十分にこなせません。物を掴《つか》んだり、ペンを持ったり、包み紙を包んだり、それから細かい編み物をしたり、ボールを投げたり捕《と》ったりするのも、五本の指がそろってはじめて完璧に、あらゆる手作業ができるのです。

この小指を独立して見た場合には、そうたいして役立つ指のようには思えないけれど、これが五本の指のうちの一本として存在することによって、手全体を成り立たせているわけです。このように考えますと、小指というものは因縁の深いものと言うことができます。

お見合いの話に戻りますと、お見合いの相手は小指に当たる人もいれば、親指に当たる人もいれば、右足に当たる人もいれば、おへそに当たる人もいます。ですから、決してその人にとって、たとえ小指にあたる人でも、全然関係のない人とは私にはいえません。また、その一生を通じて目になる人、耳になる人、鼻になる人がいつ現われてくるか、これは私にも分かりません。

しかし、その人の因縁が引き寄せてくる人、あるいはその人の想念が自分にふさわしい相手として引き寄せてくる人はいます。その人が理想とする人を強く念じたり、自分が一生をかけてやりたい目的をもっていて、それを一緒になる人とともにやり遂げたいという想念が強ければ強いほど、目的の人は現われてきます。このような人と添い遂げたいと、はっきり目的のある願望を持ち、具体的な像を描けるほどであれば、それにふさわしい人を引きつけるのです。

結婚するためには、それぞれ結婚にふさわしい、因縁のあるものが引きつけられていくわけですから、小指一本に相当する女性も、とても大切なものです。自分の中の一つを構成している大切なものとして、小指としての存在である女性、あるいは男性が現われてくるのです。

お見合いのときに、その人が、自分の目的を達成するためには、小指は自分には遠い存在に思え、自分の気持ちとはかけ離れてしまっているので合わないと考えたとします。すると、このお見合いは失敗するわけです。失敗というより、この相手は今の自分には必要ないと思うわけです。その次のお見合いで、今度は左手の薬指に相当する人に出会ったとします。しかし、これも関係ないと思う。こうして、どんどんパズル式に、指の次には足が、足の次には手が現われ、手の次には胴体が現われるというふうに、自分という全体を完成させるためにさまざまなピースが現われ、そして最後に本命として、自分の一生の目的を達成するのにふさわしい相手に出会うわけです。

見合いや恋愛は神に近づくプロセスの一つ

何十回何百回お見合いして、それが無駄であったと思う必要はありません。お見合いするのなら、できるだけいろいろな人と出会って、最後に、自分の一番本命の人に突き当たればよいのです。お見合いを何十回も重ねる人もいれば、最初から自分の本命が現われる人もいます。それは個人差であって、自分の中に強い願望、強い目的がある人は、一回か二回で決めることができます。そのような人には、ふさわしい人が引きつけられるからです。

一方、自分に目的意識があまりなくて、両親任せで自分の運命を決めるものだと思い込んでいる場合には、何十回お見合いしても、なかなか本命は現われません。けれども、自分の前生の因縁によって、結婚の相手は何十人かはこの世に配置されていますから、そういう意味で、因縁のある人はどんどん現われては消えていき、現われては消えていきして、その因縁を果たしていくわけです。果たしていくうちに、次第に本命に近づいて、最後には自分と人生を共にし、意識を共にし、目的を共にする相手との出会いが叶うわけです。

お見合いの場合、相手の名前が話題にのぼったとき、そのときがすでに縁なのです。見合いにつきものの履歴書一枚にしても、履歴書が自分の手元に届けば、その人は縁の深い人に違いありません。縁が深くなければ履歴書も届くはずがないからです。そして、履歴書を見て「私に合うだろう」「この顔は好みではない」「これはちょっと寂しそうだ」「病気がちではないか」「ちょっと男っぽい」「感情的な顔だ」などと感じたり、「どこの学校の何科を卒業した」とか「趣味が合いそうだ」「音楽が好きだろうか」「スポーツは何をしているのだろう」など、履歴書によって、ある程度判断がつきます。そうして、お見合いに至る以前に履歴書の段階で因縁を消していく場合もたくさんあるわけです。

こうして、お見合いの写真や履歴書が何枚も何枚も自分の前を通り過ぎていきます。これは無駄なこと、しなくてもよいことと思えるかもしれませんが、実は自然になされ、自然に消えていって、こうしてだんだん本命に近づいていくということなのです。そのようにして因縁を消していって、最後には本命である、自分に本当に因縁の深い人と巡り合って夫婦になり、そこでお互いの因縁を消しながら、より豊かに、より立派に、より磨かれ、神に近づいていく、無限なる愛、無限なる繁栄、無限なる幸せを得るよう自分自身が高まっていくわけです。

お見合いがうまくいかない、いくらやっても成就しないと、悩むことはありません。因縁がそうやって消えていかなければ、本命に近づいていけないのですから。履歴書の段階で見つけられなくても、断られても、お見合いの段階で失敗しても、これらはすべて無駄ではなくて、これらはすべて本命に近づくための、自分の本当の素晴らしい伴侶と出会うためのプロセスなのです。このプロセスを抜きに本当の素晴らしい伴侶と出会うわけではないのです。

これからお見合いする人、お見合いを勧めているご両親、そして間に立つお仲人さんも、その原点を踏まえていらっしゃれば焦ることも焦らせることもなくなります。お見合いは、因縁を消していく一つのプロセスで、最終的には本当に縁の深い人と出会うのだなと思っていただければよいのです。何十回もお見合いを繰り返すには、やはり繰り返すだけの必要性がその人にはあります。すぐに決まる人は、それだけの人に出会う必要性がないということです。これも前生の因縁によるものですから、繰り返すことが良いことだとも悪いことだとも言えませんし、繰り返さないことが良いことだとも悪いことだとも言えません。

一回ですぐに決まったから良縁かと思ったところ、結婚した後に「しまった」という人もずいぶんいらっしゃるし、何十回お見合いしても相手が見つからず、周りの方たちがこんなむずかしい人はいないと思いながら、最後に出会った人と非常に素晴らしい結婚生活を送って「ああ、お見合いはやっぱり数多くすべきだ」と感心させたケースもあります。もちろん、何十回繰り返して、未だに出会わない人もいるわけです。お見合いにしろ恋愛にしろ、過去の因縁が消えていくそれ以外の何ものでもありません。そして結婚すれば、伴侶として自分を磨くことが一番早く神に近づく道なのです。しかし、結婚に至るその道は千差万別さまざまです。それぞれ通った道がみな尊いものであり、価値あるものであり、何十回と繰り返したから悪いとか、一回しかしないから悪いとか、そういう問題ではないということです。

お見合いの履歴書を一つとっても、お互いの因縁が消えていって、より豊かに、より素晴らしく神に近づいていくプロセスなのですから、お見合いには、そのような尊い気持ちで臨むことが大事だと思います。

（一九九五年七月）

心の病

病気には、肉体と心の二つがある

私は、病気には肉体に現われる病気と、肉体には現われない心の中で進行していく病気の二つがあると考えています。

肉体の表面に現われた病とは、例えば、発熱やぜんそく、下痢、頭痛などの症状であったり、がん、脳卒中、心臓病などの病気、あるいは体のどこかに受けたけがなどです。このような状況にある人、あるいはハンディキャップを背負った人を見ると、おそらく誰でもが「かわいそうだ」「気の毒だ」と同情をさそわれるに違いありません。それは、古今東西変わらない人間の感情というものです。心から同情し「彼らを何とか助けてあげたい」「生きやすいように、楽に生活できるようしてあげたい」という想いが自然に湧いてくるのです。

ところが、心が病んでいる人に対しては、私たちはどういう態度をとるでしょうか。心が病んでいる人とは、例えば、誰かに対して怒《いか》りを持っている人、憎んでいる人、嫉妬している人、さげすんでいる人のことです。このような心が病んでいる人に対して、私たちは同情するでしょうか。そうではありません。相手と一緒になって、その病んでいる感情や想念と取っ組み合いを始めます。彼らが心の病気にかかっているなどとは、決して思わないのです。

ではなぜ、心の病んでいる人には同情の念が湧かず、肉体に現われた病という不幸な状態にある人には、同情せずにはいられなくなるのでしょうか。それは、簡単に言うと、心を病んでいる人に比べ、肉体的に病気を持つ人に対しては、自分が優位に立っていると思えるからです。

働こうと思っていても働けない人、努力しても病気のために身体が動かない人、思うように食べられない人、やりたいことができない人……。このような人たちは、いわば敗者と思われています。自分はこの点において彼らよりは恵まれており、健康であり、やりたいことができ、ちゃんと働けると思えるので勝者なのです。だから「気の毒だ」「かわいそうだ」と、彼らの手助けをしてあげたいという気持ちが起こるのです。

自分が優位な立場に立っていることは、無意識の、隠れた感情かもしれません。しかし、その立場によって、同情という感情が生まれてきます。

心の病によって憎しみと怒りの応酬が始まる

一方、怒りに狂っている人、嫉妬に狂っている人、憎しみに燃えている人、自分の能力の限界を感じている人、自暴自棄に陥っている人……。そのような心の病にかかっている人たちに対して、肉体的な病気を抱えた人に対するのと同じように私たちが同情するかというと、決してそうではありません。自分や家族、友人に対して、怒りや、憎しみ、侮蔑、不平不満が向けられたら、その相手に対して「かわいそうだ」「ああ、心が病んでいるんだな。何て気の毒な人なんだろう」「何とか助けてあげたい。その怒りを鎮《しず》めてあげたい」「不平不満を解消してあげたい」と、心から同情する人はいないでしょう。

むしろ心が乱され、同情するどころか、逆に相手を打ち負かそう、やっつけようとします。相手をさげすんでやろう、めちゃくちゃに叩きのめしてやろう、という心が湧き出てきます。怒り、憎しみ、不平不満、さげすみなどが自分に向けられたとき、それは自分に対する挑戦であり、競争であると受け止めてしまうのです。そのような感情、想念を持つ相手に対して、私たちは同情することはまずありませんし、彼らを助けたいとも思いません。憎しみに対しては憎しみを投げかけ、怒りに対してはさらに大きな怒りを投げ返し、侮蔑に対してはさらにもっとひどい侮蔑を返す、というような状態を繰り返しています。

人間というものは、自分が優位に立っているときには誰でも、他人に対して優しい心になれます。慈悲心が出てきます。愛情深い人間になれるものです。反対に自分が相手から攻撃され打ち負かされそうになると、自分のことしか見えなくなるものです。相手に負かされ、侮蔑され、自分が悪者と決めつけられるような態度をとられると、そのことに対して優位に立とうと一生懸命になります。そして「お前には負けない」「お前よりおれのほうが強いんだ」「あなたより私のほうが素晴らしいんだわ」と、相手と闘争を始めるのです。

このように、心の病に相対した場合、自分の心がかき乱され、愛や慈悲心や思いやりの心どころか、相手を罵《ののし》り、わめき散らし、相手を侮蔑し、自分を優位に立たせようとする感情が起こります。

肉体を病んでいる人に対しては同情できるけれども、心の病に対しては肉体のそれと同じような心境にはなれません。

人生の不幸は心の病を理解しないこと

肉体の病は「病」として見るけれども、心の病は「病」とみなされないことの、何と多いことか。実は、これが人の人生を不幸にする原因の一つではないのでしょうか。

よく考えてみていただきたいと思います。

心の病は、肉体の病のように、例えば、がんという実体として現われはしません。ベッドの上で、今にも死にそうな状態として目に見えていないから、同情できないだけなのです。しかし、人の心の病も、肉体の病と同じように見なければ人類の平和は、人類の幸せは訪れません。

心の病も、現われ方は違いますが、実は身体の病と状態は同じなのです。

身体の病気は、風邪、高血圧、がんや心臓病、脳卒中など、比較的軽いものから重いものまで、いろいろな段階があります。心の病も同じように段階があります。

心の病でも、子供同士のけんかや親子げんかなどは軽い症状かもしれません。しかし、相手を殺したくなるような憎しみや、相手を引き裂きたくなるような嫉妬心、怒りは、重症に入るでしょう。重症もひどくなると、自分の命をかけているわけです。ここまでくると、心の病といえども末期がんと同じような状態です。

肉体のがんは、末期になり、死が間近に迫ってくると、周りの誰もが同情します。しかし同じように心の病を続け、苦しみ、怒りのために狂いそうになり、自暴自棄になれば、人をあやめてしまい、その結果、死刑になるかもしれません。これはもう、末期がんと同じような、生死の境をさまようような心の病の状態なのです。

ところが、このような心の病に対して同情するどころか、人々は逆に威圧的につぶそうとします。その人を破壊し、抹殺しようとするのです。これでは、心の病を持っている人の「救われ」はどこにもないことになります。

私は、心の病も肉体の病も同レベルに考え、怒っている人、滅入っている人たちを見ると同情するし、何とか助けてあげたいと思います。そして、何とかその心の病気を取り除いてあげたい、健全なる心に戻してあげたいと、本当に心底から思うのです。肉体の病に苦しんでいる人以上に、心の病に苦しんでいる人に対して同情します。

彼らは、自分自身の怒りや憎しみ、不平不満によって、苦しい立場、悲しい立場、苦悩に追い込まれています。自分が抱えている心の病で精いっぱいなのに、その上、誰からも同情されないのです。ますます、今の状況に輪をかけてひどい状況、例えば非難や批判、差別などがおおいかぶさってくるのです。自分自身の心が荒れ狂い、やり場のない虚無感におちいり、自分自身でもどうしていいか判らなくなってきます。

人々の愛の手助けが最も必要なときに、それが与えられないのです。本当に、彼らには「救われ」がありません。

最近では心理学や精神分析学の分野で、さまざまな人たちが心の病を持った人に対してどうすれば心の病から解き放たれるかという研究をしています。あるいは、宗教や哲学からのアプローチもあります。しかし、この問題に対してはごくわずかの人が理解しているにすぎません。ほとんどの人たちは、いまだに心の病を肉体の病気と同じように同情心をもって見守ることはしないのです。一種のわがままであるとか、非常識であるという枠にはめ込んで決めつけています。

どうぞ、心の病んでいる人に対しては、肉体を病んでいる人と同じように愛の心を持って、そして思いやりの心を持って、寛大な心を持ってお助けするよう心をくださいていただきたいと思います。

慈しみと愛をもって交流する

嫁と姑、小姑などの家族関係、職場をはじめとする上下関係、友人との関係などにおいて、このような愛の心による見方をしない限り、永遠に人類の救われはないと、私には思えてなりません。私たち一人ひとりが、少しずつでも心の病を持った人に対して「この人は今、病気なんだから、何かと助けが必要なんだ」「処方箋が必要なんだ」と、とっさに頭が働くようにトレーニングしていかなければいけないと思います。また、そうすれば、彼らが自分に投げかける憎しみや嫉妬、怒りや不平不満に巻き込まれず、反対に愛の心を持って、寛大な心を持って、赦しの心を持って接することができるのです。

　心の病が肉体の病とどう違うかというと、心の病を持った人には必ず相手がいます。肉体の病気の場合には、相手がいません。肉体を病んだほとんどの人たちは、不思議なことに、自分が悪いせいで病気になったと思い込むし、周りの人は「自分のせいであの人が病気になったんだ」「自分が関わったためにあの人が病気になった」とは思わないものです。彼ら自身の心によって、あるいは何らかの自分には関係のない原因によって彼ら自身の身体が病気になったと思い、だからこそ同情するわけです。

　ところが、心の病の場合には必ず相手がいます。もちろん、自分自身の問題ではあ

ります が、怒りには相手がいます。憎しみにも相手がいます。嫉妬心にも相手がいます。相手がいるから嫉妬もするし、相手が気にいらないから憎むのですし、相手がいるからこそ怒り狂うのです。

しかし、心の病を持った人からそのような感情を投げつけられたとき、それを挑戦的な行為として受け止めないで、思いやりと寛大と赦しを持って対処すれば、そのことが素晴らしい薬や手術となって、相手の心を癒《いや》していくことになります。相手から怒りをぶつけられても、憎まれても、それを赦してあげるのです。そして、慈しんであげる、愛してあげる、思いやるのです。そのように対処することによって、それが素晴らしい薬、処方箋となって心の病は癒されていきます。

家族の中でも、もちろん夫婦や嫁姑の間でも、そのような思いで接するのです。そのような間柄が続くことによって自然に調和した関係になってゆくし、また、自分が心の病気になったとき、例えば夫に憎しみや嫉妬心、怒り、不平不満をぶつけたとき、相手の赦しと思いやりと深い愛によって自分が癒されていくのです。

私たちは、心の病も身体の病とまったく同じに対処するように心がけていけば、お互い慈しみ、思いやり、愛の交流ができるのです。

病気には肉体の病気もあれば、心の病気もあります。もしも心の病気を見たとき、慈しみと愛の気持ちで接すれば、自分が毒されることも悲しむこともなくなります。そして、相手は自分の心によって今度は癒されていくという、素晴らしい展開になるのです。

もちろん、肉体の病を持っている人は、その病気を治すよう努力し、消えてゆく姿で世界平和の祈りに徹しなければなりません。また、自分が心の病気を持っていることに気がついた人は、同じように消えてゆく姿で世界平和の祈りを行じつづけながら、やはり大きな赦しをもって祈りつづけることです。

心の病を持った人は、相手をやっつけようとするためだけに感情をほとばしらせているのではありません。自分が発した怒りによって自分自身が毒され、憎しみによって自分自身が破壊され、怒りによって自分自身が炎のように焼き尽くされるのだと気がつかなければなりません。そして、心の病は自分自身の力で治そうとする努力が必要なのです。

その上でさらに、同情されることによって癒されていくのです。
心の病気も肉体の病気も、決して同情だけが唯一の処方箋ではなく、自分が自分の心身をコントロールすることによってはじめて、癒すことができるのです。

（一九九四年十月）

自由

自由は、人間が神から与えられた、もっとも素晴らしい特権です。それは人間だけに与えられた特権なのです。もしも人間から自由性を奪ってしまえば、その人はまったくロボットも同然になってしまうでしょう。人間としての喜びや悲しみを心から体験できない、味気ない人生となってしまうのです。

ところが、自由がこれほど大事だというのに、多くの人々は自由をさまたげ、悲しいことに自由を奪っています。相手によかれと思ったことが束縛を生んだり、あるいは自由の本当の意味を知らないで自由を奪ってしまう結果になることもあります。このような自由をめぐる葛藤は、深い愛情でむすばれた親子の間でさえ起きてくることがあります。

子供に対する親の「執着の愛」

親の愛とは、子供が真っ直ぐに伸びやかに育ってくれるようにと願う無私の愛です。とくに母親の愛は、我《が》を捨てた愛です。自分がどんなに苦しくても、自分のからだが不自由でも、たとえ病気であっても、子供を守るためには自分が犠牲になることもいとわず、子供が生き生きとして輝かしい人生を歩めるように、子供に徹底して愛を注ぎます。

野生動物の世界でも、子供を守る愛があります。動物には危険な敵や自然災害から子供を守ろうとする本能がそなわっています。子供を安全な場所へ導き、大自然の中でたった独りでも生きていけるように、あらゆる技術を教え込みます。

正しいところへ導こうとする愛。それが親の愛というものです。

しかし、人間の場合、無限に注ぐ愛が、子供の生き方や成長を縛りつけてしまう愛となることがあります。ゆきすぎた親の愛は、ときとして「親のエゴ」となり、「執着の愛」に姿を変えて子供をゆがめてしまいます。

子供は本来、自分の意志で、自由性をもって、人生のゴールに達したいと望むものです。そのため、子供が「この学問の道へ進みたい」「あの専門技術を学びたい」と願い出ているとき、しばしば親の意見と対立することがあります。

親は、子供に言います。「その道はあなたが進むべき道ではない」「あなたには合わない」「常識では考えられない道だ」「それは家風に合わない」「家柄にふさわしくない職業だ」「それは教育がない人たちがつく道だ」などと、親が子供の望む進路をさまたげようとするのです。

もちろんこのような言葉は、親の立場からみれば子供を愛するがための言葉であり、親として十分理由のある意見なのです。

子供の無意識の中には、両親の知性、家風などの生まれ育った家庭環境の影響が自然に入り込んでいます。そのように、家の雰囲気や教育に対する常識、家柄などを身につけて育った子供が、突然、それまでとまったく違った方向に進みたいと宣言すれば、両親が戸惑うのは当たり前のことでしょう。

子供が家柄や家風の方向とはまったく異なった進路を示したとき、多くの親は次のように考えます。

「これまでの自分たちの価値観とは相いれない、今までとはまったく違った考え方だ。自分たちの知的レベル、自分たちの家柄、自分たちの家風などにしたがって教え導いた子供が、まったく違う価値観の世界に進んでゆけば、子供は迷うにちがいない。そしてきっと苦しむだろう。悲しむこともあるかもしれない。必ず苦労するに違いない。このまま進んでゆけば、最後には自分の世界しか見ない、私たちを寄せつけない排他的な存在になっていってしまうかもしれない」

このような心配から、親は子供の進路を拒否し、規制してしまって、本当に子供が行きたい道、本当に子供が心から志す道を閉ざしてしまうのです。

素直な子ほど不完全燃焼となる

子供は、親に対して素直であればあるほど、親の意見に「いいえ」とは言いません。

両親から愛情をいっぱい注がれて育った子供は、親に対する感謝の気持ちにあふれています。そこで、親の反対を押し切って自分の意志を通したら、親がどれほど嘆き悲しむだろうと思ってしまうのです。「母はどれだけ負担を感ずるだろう」「父はどれだけ不幸になるだろう」と、子供のほうでも親を思いやり、「はい」と答えて親の言った通りの道を進もうとします。

親は子供が自分たちの言うままに従う姿を見ると、「うちの子は本当に親の言うことをよく聞く」と安心し、きっと子供をほめることでしょう。

親が進路を決め、結婚相手を決め、何不自由のない生活をあたえ、すべてを用意してしまう。そうしておいて、親は「ふがいない親ではない」「私たちは立派な親だ」「子供が欲することは何でもしてあげた」と感じて自己満足にひたるわけです。

一方子供のほうは、「ここまで愛してくれた」「ここまで自分の思う通りにしてくれた」と親に感謝していますから、親が満足であることが自分の幸せでもあると、自分で自分を納得させようとします。こんなに恵まれて育った自分が、親の反対を押し切って自分の意志を通すことは、親に対してすまないことだと考え、自分の意志を曲げるわけです。

このように考えていくと、親は知らないうちに子供の自由な意志を奪ってしまっていることになります。

子供にはこれまでに与えられた環境、雰囲気、知性、常識の中で、子供なりの基礎ができています。そして、これから自分だけの人生、誰からも邪魔されることのない、また誰も真似のできない人生を築いていこうとしているのです。まさにそのとき、親が「待った」をかけるのです。

このような状況になると、子供の心に不完全燃焼が起こります。人間というものは、完全に燃え尽くして生きれば、すべての成果は自分に返ってくるものなのです。たとえ悪い結果であろうと、完全燃焼していれば後悔はありません。それどころか、失敗がよい教訓となって、次に成長する糧となります。ですから、人間というものは、常に完全燃焼したいと願う存在なのです。ところが、完全に燃焼したいという思いが遂げられないと、そこに不満が生まれ、心の中に残ってしまいます。

ところが親は「本当にうちの子ほど素直ないい子はいない」と信じていますから、

子供の心の傷ついた部分、不完全燃焼の部分に気がつかないで、うかうかと過ごしてしまうのです。

子供が自分の意志をもう少しはっきりと出せばよいのかもしれません。「本当は、私はこの道を進みたいのです。この道を行くのが私の気持ちなのです」と、はっきり親に「ノー」と言える子ならば、そこに生まれる葛藤はまた別のものになるでしょう。

ところが、子供は最後には言葉でも理屈でも親にはかないません。なぜなら学校の費用も、病気のときの医療費も、洋服代も全部親から与えられたものだからです。親に逆らってまで自分の希望する道を選ぶことは、自分のわがままであるし、自分勝手なことと思い込みがちです。素直ないい子ほどそのように考えるものです。親が、誇らしげに親戚や友人知人に自分のことを話している姿を見るにつけて、子供は自分自身の希望を叶えることは、親を悲しませる行為だと思ってしまいます。

つまり、自分の内面である本心と外に現われたふるまいは正反対ですから、そこに葛藤が生まれ、苦しくなって、現在の生き方に耐えられなくなってしまうのです。何とかして解決したいと思っているうちに、とうとう病気になってしまうということもあるわけです。

子供を悲しませないために不満が残る

子供の自由を親が規制する例を見てきましたが、反対に、親の自由を子供が規制する場合もあります。

人は九〇歳になっても、たとえ一〇〇歳を過ぎても、自由を求める心はなくなりません。人間にとって一番大事なことは、いくつになっても自由であるということです。ところが、愛する老親をいたわる気持ちから出た言葉によって、子供は親の行動を束縛してしまいがちです。

「八〇歳になったのだから、外出は危ないですよ」「九〇歳なのだからおとなしく家にいてください」「転ばないように外出は控えましょう。自動車がいっぱいだから、交通事故に遭ったら大変です」「これ以上食べるのは止めましょう。食べ過ぎですよ」「その歳では、油っこいものはとらないように。コレステロールがたまり過ぎます」「甘いものは控えましょう。ここまでです」

こうして、老いた親の欲求や意志をふさいでしまいます。親を苦しめないため、病気にさせないため、交通事故に遭わせないための、心から愛するあまりの規制なのですが、それが老いた親にとっては束縛以外の何ものでもありません。

しかし親はこう思っています。「外へ出たいものだ。思う存分食べたいものだ。しかし、そうすると子供は私を叱るだろう。そのような子供のイライラする姿、心配そうな姿は見たくない。だから素直に従おう」「年をとって八〇、九〇になると、やはり娘や息子の厄介にならなければならない。ならば、子供の言うことを聞いて、したいことをあきらめなければならないだろう」

もっともっと自分のやりたいことがあり、できる気持ちがありながらも、子供たちによって規制され、束縛され、やりたい意志をくじかれるのです。

年をとった自分が、娘や息子の言うことをきかないで外出して、もしつまずいたら、必ず怒られるだろう。「ほらごらんなさい。言った通りにしないからですよ」。その怒る子供の姿を想像して、親はしたいことを我慢してしまうのです。

「春の暖かい日に、一人で歩きながら、桜でもゆっくり見物したいなあ。娘や息子の世話にならないで、ゆっくり散歩もできるのに、娘や息子は心配して外出を許してくれない」

そのような気持ちがつのると、やはりそこに不完全燃焼が起こります。したいことをし、食べたいだけ食べるという欲求が全部抑えられてしまうと、老人といえども、やはりエネルギーが完全燃焼しませんから、うっぷんがたまることになります。

娘に迷惑がかからないように、息子によけいな煩《わずら》わしい思いをさせないようにと気を遣い、子供たちの意見に従っていることが、結果的に自らの自由を束縛してしまうのです。

鳥カゴの中の自由でよいのだろうか

すべての人々は自由になりたいと願っています。子供もお年寄りも男性も女性も、みんな一人一人が自由に生きたいのです。そして、みんなが自由になれば、そのときこそ本当の平和がやってくると、私は思っています。

ところがほとんどの人は、みんなが自由にふるまったら何が起こるか分からないと恐れます。「おそらく、盗みや殺人といった乱行が蔓延《まんえん》して、どうにも手がつけられない世界になるだろう」「人間は愚かで、欲望が強い存在だ。そんな人間が勝手気ままに自分の自由を主張したら、この世の中は弱肉強食の混乱状態におちいり、人類は破滅するに違いない」。一般にはそう思われています。

そこで、法律や常識によって自由を規制しようとするのが、今の世の中なのです。自由を束縛して、人間の常識でつくった枠の中で生きていくのがいちばん幸せだと考えられています。

要するに、カゴの中の小鳥こそがいちばん幸せなんだと思っているのです。でも、本当にその通りなのでしょうか。

カゴから放たれ、大空を自由自在に喜びながら飛んでいった小鳥は、自分で虫をつかまえられないかもしれません。何日も何日もエサを口にしない日が続き、ひもじい思いをするかもしれません。けれど、小鳥は本当に自由なのです。エサが取れなかったら、もっと別の場所に飛んで行くこともできます。森に行って、虫のいる木を見つければ、どうにか食べていかれるかもしれません。自由であれば、おのずからそのような自然の知恵が出てくるものなのです。

法律や常識という名の鳥カゴに入れて、物や愛情という名のえさを与えているのが、今日の世の中です。

「お前にはエサを十分に与えている。食べたい物、飲みたいものに不自由はさせない。これ以上何の不満があるというんだ。だからもう十分自由だろう」

しかし、そう言われても、鳥カゴの中の小鳥は、羽ばたくことはできません。小鳥は思っています。「もっと大空を自由自在に羽ばたきたい。鳥カゴでどれだけのエサがあたえられ、どれだけの新鮮な水が注がれても、小鳥として本能のままには生きていかれない」と。

なぜ、人々は自由を規制する法律や常識の枠に閉じ込められなければならないのでしょうか。それは、人間が本来「神の子」*注3であるという一番の原点を忘れてしまっているからなのです。

人間本来神の子であるという信念さえあれば、また、人間一人ひとりの本当の自由性を尊重するならば、自由を規制するという行為はありえません。束縛はないのです。

みんなが自由であればあるほど、人に迷惑をかけまいとし、神の本質に目覚めた自由性を発揮し、神に近づくために創造力を発揮して、素晴らしい文化、文明を生み出すことができるのです。

自由を発揮すれば、自分の中から神の姿が芽生えてくる

自由が奪われ、束縛されると、人の心は歪《ゆが》んできます。歪んだ心から生まれるものは屈折した欲望です。人間が人間を規制し、人間が人間を束縛し、人間が人間の自由を奪ったときに、人間には「業想念《ごうそうねん》」が生まれます。人をいじめたり、人を蹴落として自分だけが自由になりたい、得をしたいという気持ちが生まれてきます。乱行が生まれ、不祥事が生まれ、窃盗《せっとう》が生まれ、病気が生まれ、殺人が生まれます。それは「我《われ》即神也《そくかみなり》」*注4が失われた姿です。

反対に、子供でも老人でも男性でも女性でも何の束縛もなく自由であるときには、そこからいったい何が生まれてくるのでしょうか。はたして乱行が生まれてくるでし

ょうか、不祥事が生まれてくるでしょうか、窃盗が、病気が、殺人が生まれてくるでしょうか。そうではありません。自由が一〇〇パーセント発揮されれば、業想念は生まれず、地獄のような奪い合う自由性を追い求めたりはしないものなのです。自由の中からは、神そのものに近づいていこうという素晴らしい、本来性の「我即神也」の姿が必ず芽生えてくるのです。なぜなら、それが本来の人間のあり方だからです。ほとばしる本当の神の心というものは、どんな人間にもあるものなのです。

お互いが本当に自由を尊重し合うためには、そこに本当に目に見えない信頼関係が生まれていなければできません。人を信頼すれば、信頼された人間はその自由性をフルに発揮させます。それは、その人にとって自分の心の中の神というものを芽生えさせるチャンスなのです。

自分の愛する子供、または自分の愛する親、そのような人たちを自分が心配するあまり、執着の愛で縛ってはならないということを心に銘じてください。自由にしたいだけさせればよいのです。もしも、そのために傷つき、その人が心から反省するなら、二度と同じ過ちは繰り返さないでしょう。人は、失敗や病気、交通事故に遭ったり、挫折をしたとき、こんなことは二度としまいと反省するものです。痛い経験ほど魂に染み入るように反省して、それをステップにして後の人生を歩んでいくものなのです。親から守られて失敗した子供より、自由性を得て失敗した子供のほうが、次からは段違いによりよい成果をあげていくことになります。

ところが、周りの人間によって自由が束縛され規制されて、安全が確保されてしまうと、自分がどれだけやれるか限界を知ることができません。そのため、いつも不完全燃焼となって、残りの人生をまったく無にしてしまうこともあるのです。

ですから、自由に行ない、その結果失敗してもかまわないのです。どんどん体験させたほうがいいのです。そこから子供も親も老人も男性も女性も、自分で新しい道を見いだしていきます。それこそが、本当の自分の人生というものなのです。

（一九九五年四月）

注3　巻末の「人間と真実の生き方」参照

注4　巻末の「我即神也の宣言文」参照

記憶

「私」とはどこからくるのか

「私」とは一体何ものなのでしょうか。私はよくこのようなことを考えますが、皆さんも、自分自身を見つめ、「私」について考えたことがおありだと思います。

「私」の考えがあり、「私」の意志があり、「私」の肉体があり、「私」の言動をなしている者がこの地球上に存在しています。

この「私」、言い換えれば、この「自分」とは一体どういうものを指しているのでしょうか。

周りの人々が私を誰かにわかりやすく知らせるためには、まず私の考えを紹介することでしょう。それから、性格を説明します。生い立ち、両親、子供などの家族や宗教、趣味といったバックグラウンドの説明も必要でしょう。

そうすると「私」というものは、自分に関するすべてのものを総称していることになりますが、その中で「私」を代表させる主となるものは、「私」の持つ「考え」になると思います。

では、その「考え」とは、いったいどこからきているのでしょうか。私はこういうことをしたい、私はこういうものになりたいといった自分自身の思い、考えというものは何から発しているのでしょうか。

それはすべて記憶から発しています。

自分が生まれてきたときの両親の感情、どうやって迎え入れられたか、長男に生まれたのか、次男に生まれたのか、長女か、次女かといった兄弟のポジション、そのような出生のときの状況から始まり、成長過程での出来事、体験が「私」の原点になっていくわけです。

そして幼年期になって幼稚園や保育園などでの体験や友達関係、保母さんなどの大人との関係が記憶になってとどまります。自我はしっかりと確立されておらず、自分の体験を大きな視野から見ることもできませんが、「私」の考え方、「私」の意志は知らないうちに幼い体験を通して、記憶となって積み重ねられていきます。

小学校に上がるとさらにさまざまな出来事を体験するようになります。いじめもあるかもしれません。一生懸命勉強に励んでもその結果が悪いこともあります。あるいは予想に反して良いこともあるでしょう。努力が報いられたり、報いられなかったりします。学校以外でも、家庭が冷めていたり、暖かかったり、家族がいがみ合っていたり、深く愛し合っていたりする状況もあるでしょう。反発、憎しみ、受容、思いやり、感謝、嫉妬、そういう大小さまざまな感情が生まれ、想念が出てきます。

さまざまな場面で湧き出てきた感情だけでなく、実際に生まれた行動も体験として残ります。親へののしり、友達に対する侮蔑、そして取っ組み合いのけんか、闘争。そういう出来事は、遠く過ぎ去ってしまえば表面的には消えてしまい、代わりに新しい事柄、新しい出来事、新しい状況に対する感情や行動がどんどん現われてきます。するとその時点では、過去の体験や事柄は忘れ去ったかのように見えます。また忘れてしまわなければ、新しい出来事をクリアーできません。過去の失敗や苦しみ、成果を引きずっていて、そのことに関する感情や想念が心にとどまりつづけるならば、今日の新しい一日に繰り広げられてゆく自分の生活を正面からとらえ、積極的に対処することができなくなります。

私たちは、常に過去の事柄を処理して生きています。そのようにして「私」というものが築き上げられていくのです。

自分自身が、今日新しい仕事、新しい状況、新しい事柄にぶつかっていこうとするとき、自分に蓄積されている過去の感情や体験は心の奥にとどまって現われてはこないので、あたかも記憶からなくなっているように思いますが、しかしちゃんと自分の中には記憶として残っていて、この記憶そのものの蓄積が「私」を形づくるわけです。そしてそこから「私」の発想、「私」の意見、「私」の意志といった、「私」のすべてが出てくるのです。

過去に積み重ねられた記憶が現在の「私」をつくる

五歳のときと四〇歳になったときとでは、記憶された体験によって「私」はまるで違っています。五歳では、五年間の体験が記憶されて「私」が築き上げられているのに対し、四〇歳では、五歳の「私」とはまったく違った四〇歳の「私」が出てきます。それだけ経てきた体験が多く、その分だけ記憶がどんどん積み重ねられています。

記憶装置にはこれまでの体験や感情、想念が蓄積されています。四〇歳で新しい状況にぶつかったとき、「私はこう思う」「私は過去にこうした」「私はこうしたい」と思い、考える「私」はどこから出てくるのかというと、この記憶装置からなのです。今の状況を解決するのに鍵となるような記憶が、心の奥の記憶装置から取り出されて、私の考え方、私の解決方法、私の意志、私の希望となるわけです。ですから、この「私」全体は、過去の体験の記憶そのものであるわけです。

否定的な意志や感情が支配し、未来に希望がなく、人生はつらく苦しいものであるという意見や考え方が出てくるとすれば、それは自分の過去の体験や感情、想念が暗くみじめなもので、つらい記憶が積み重ねられてきた結果ということにほかなりません。

一つひとつの体験が見事に積み重ねられた記憶によって「私」というものが築き上げられていきます。自分の意志や考え方が記憶によって現わされてゆくわけです。

そうしますと、記憶というものは大変重要なもので、決しておろそかにしてはいけないものです。記憶は自分自身を支配してしまうものです。記憶によって導かれた方向に人間の運命は向かってしまうのです。

過去を捨て、過去を忘れてしまったから、もう過去の記憶がなくなったと思うのは大間違いです。心の中から鮮明な記憶は薄らいだとしても、やはりその記憶というものははっきり自分の記憶装置に残っています。心の中にぎっしり積み重ねられています。本を読んだときの同意する気持ち、反発する気持ち、不満、そういう感情もやはり記憶装置の中に入っています。テレビのニュースや新聞などで読んだ情報でも、全部一つ残らず見事に記憶されてゆきます。それらの記憶された情報が総合されて今の

「私」というものをつくり上げているわけです。

過去の記憶の蓄積が、自分の未来の運命をも支配しています。これが、人間の運命というものの本当の姿なのです。過去の記憶があまりにも酷《ひど》い人は、やはりその延長線上にある未来が酷くなります。自分が不利に立ったときに溢れ出した憎しみの感情、無視された惨めさ、不満、感謝のない心、相手を罵り、相手に責任をなすりつける態度、そのような過去の記憶がたくさんあれば、その人の人物評は、その過去の記憶通りの人物評になるのです。過去の記憶が素晴らしく、バラ色に満ちて、愛に満ちて、神のような記憶をずっと持ちつづけている人は、やはり延長線上にある未来でも同じく神のような生き方を現わしつづけることでしょう。もちろん、過去に「我即神也」を現わしつづけていれば、その本人から醸し出される雰囲気や言動によって、そのような人物評価が周りの人たちから起こってきます。

輝かしい未来を築くために

あれほど鮮明に、重たくのしかかっていた嫌な体験、感情の記憶も、一日が終わり、二日がたち、三日も過ぎると、いつの間にか薄らいでゆきます。時間が悩みや後悔を解消してくれているわけです。しかし、同じような状況が現われてくると、また同じような言動をなしてしまいます。自分の中にある過去の記憶から引き出される、相手を侮蔑するような言葉が自分の意志として発せられ、自分の意見として浮かび上がり、相手を怒らせ、相手を憎ませることもあるのです。そしてそれが新たな記憶となって、再び自分の中に積み重ねられていきます。

ですから、暗い過去の体験、憎しみ、人を侮蔑し、怒らせ、罪をつくり上げてしまった記憶というものは、その都度その都度消していかなければなりません。これこそ五井先生の説かれる「過去の消えてゆく姿」なのです。

記憶というものは、大切に処理されなければなりません。五井先生は「消えてゆく姿で世界平和の祈り」という、素晴らしい人生、運命の改善方法を提唱されました。今、病気であるという状況にあろうと、腹立たしい状況にあろうと、憎しみに燃えたぎっている状況にあろうと、嫉妬心に狂う困難な状況にあろうと、それは過去の記憶、因縁が消えてゆく姿として現われているということです。あらゆるものは消えてゆく姿なのです。それは、今生だけでなく、前生におけるいろいろな過去の記憶が消えてゆき、新しい記憶に変わろうとする一瞬です。新しい体験を心の中に入れ直そうとする大事な人生の一瞬なのです。

直面する状況によって呼び覚まさせる過去の記憶を摑《つか》んで同じような憎しみ、嫉妬の苦しみ、悲惨な状況を再び繰り返してしまうか、あるいはその過去の記憶を消えてゆく姿として世界平和の祈りを祈り、消してしまうかは、本人次第です。

「消えてゆく姿で世界平和の祈り」を行じると、憎しみや嫉妬といった、呼び覚まされた過去の記憶はきれいに消えていって、「世界平和の祈りに変えた」「ああ素晴らしかった」という、新しい体験が記憶装置にとどめられることになります。その祈りの体験が記憶装置に残っていくのです。そのような記憶の連続が自分自身を築き上げていくのです。

未来を変えてゆくのは、自分自身です。自分の記憶をどんどん変えていくことは、自分の人生を素晴らしい人生に転換していく方法でもあるわけです。過去の体験は必ず記憶に残ります。どんな状況に置かれたとしても、良い体験として自分の心の中に記憶させていくのです。それが人生の醍醐味《だいごみ》というものです。それを実行するのはまったく自分だけです。親がやってくれるわけでもなく、子供がやってくれるわけでもありません。親友がやってくれるわけでもなく、恩師がやってくれるわけでもありません。本人にしかできないことです。

そして、そのためには、真理と出会わなければなりません。五井先生の教えに触れ、「世界平和の祈り」を祈らなくてはなりません。そして最後に、「印」*注5を組むことによって、まったく輝かしい「我即神也」の姿が現われてきます。これこそがキーポイントなのです。

人生というものは、自分が「運」を招き、自分で築き上げていくものです。ほかの誰でもありません。ほかの誰からの支配も受けることはないのです。

たとえば、あなたの夫がふしだらで、人格が卑しく、横暴な、およそ尊敬できない人間であったとします。あなたはその夫の横暴な言動に対して抱く自分の不本意な不満だらけの怒り狂った感情をそのまま心の中の記憶装置に入れ込むでしょうか。それとも、それを彼の消えてゆく姿なんだと、赦《ゆる》してあげるでしょうか。

どうか「これで、私と彼との因縁が消えていくんだ」と受け入れてください。その横暴を「悔しい」「こん畜生」「この馬鹿」と受け止めないで、祈りに変えるのです。夫への憎しみ、怒りをそのまま心の中に、記憶の中にとどめないで、たとえ憎しみや怒りが出たとしても、それをうまくかわして、それをうまく浄めて、うまく祈りの言葉に変えて、自分の心の中の記憶装置に感謝と祈りと希望を入れたならば、自分の記憶装置というものは素晴らしい、輝いたものになります。そうすると、自分の記憶が自分の運命を支配しても構わない状況になってくるのです。

そうすれば、自分の記憶によって神の姿を現わすことができる、輝かしい未来が開かれてゆきます。

そう考えると、人間にとって大事なことは、正しい生き方を学ぶこと、真理に心を傾けること、真理に耳をそばだてること、真理に目を向けること、真理に焦点を合わせることだと言えるのではないでしょうか。いつも神の輝く一点に焦点を合わせていけば、記憶はまるで神そのもの、神だけを記憶していくことになります。人生とはそういうものなのです。

二〇代に感じる「私」、三〇代に感じる「私」、四〇代に感じる「私」、五〇代に感じる「私」、六〇代に感じる「私」があります。そのとき、苦しみ、悩み、人の幸福を妬《ねた》み、自分の不幸を呪っている「私」がいるかもしれません。それがたとえ六〇代、七〇代であっても、五井先生の教えを知り、消えていく姿で世界平和の祈りを知り、そして「我即神也」の根本を知ることができたならば、自分が真理と一つになるためには決して遅くはありません。それからの老後、死を迎えるまで、自らを正しい生き方に導いてゆけばよいのです。しかも六〇代、七〇代までの記憶を祈りで消すことができます。自らが祈ることによって、自らが「印」を組むことによって、それは成し遂げられるのです。

五井先生の教えにいつ出会っても、真理をいつ知っても、遅いということはありません。「もう少し早く真理に触れていたならばこういう人生でなかったかもしれない」と悔いることはないのです。この世の中には、一生真理を知らないで死を恐れ、死を嫌い、のた打ち回って死んでいく人たちが大勢います。死ぬ寸前で、今なお真理に触れない人たちがたくさんいます。その中で、真理に導かれて世界平和の祈りを祈りつづけ、「我即神也の印」を組みつづけている人たちには、確かなる輝かしい未来が築かれていくことが保証されているのです。

（一九九五年一月）

注5 我即神也の印　自己の神性を顕《あらわ》すために組む印。巻末の「我即神也の宣言文と印」を参照。我即神也の印を組みたい方、ご関心のある方は、白光真宏会「印のプロジェクト」（〒418-0102 静岡県富士宮市人穴八一二―一　電話〇五四四―二九―五一〇五）まで、お問い合わせください。

消えてゆく姿——人はなぜこの世に生まれてきたのか

あなたはどこから来て、どこに帰るのか

「幸せになりたい」「苦しみから救われたい」「苦痛から逃れたい」「もっと自由になりたい」。人は、普通そう考えます。そして、その目的に向かって努力し、常に幸せで、平安でいたいと願うものです。

そういう希望は誰もが等しく持っているものです。ところが実際に、常に平和で幸せで波風が立たず、怒りや苦しみや嫉妬などもなく、自分自身を神のように高め上げ、

常に平安な気持ちでいられるにはどうすればよいか、ということに心を砕く人は少ないのです。

ただ「目の前の苦しみから逃れたい」「今の悩みから救われたい」「とりあえず欲望や願望を成就させせたい」と、目先の事に執われる人が多いのではないでしょうか。自分の長い一生をながめ、そのうえで心の平安を心から求め、その目的に向かって歩んでいる人はあまりに少ないのです。

目先の幸せ、目先の平安、目先の喜びばかりを求めて、たとえ二年後、三年後に成功が得られ幸福や繁栄がおとずれたとしても、さらにその五年先、十年先も同様に幸せであるかというと、おそらく誰も確信はもてないでしょう。人生というものは、今の幸せを得た後、必ずまた不安がやってくるものです。「いつかこの幸せが崩れるかもしれない」「いつかこの喜びが失われるかもしれない」と心配になります。ほとんどの人が目先の苦しみや悲しみから逃れ、つかの間の幸せや喜び、楽しみに焦点を合わせて生きているのです。そして、なかなか永遠の平安を得ることができません。

私は皆さんに、こんな問いかけをしてみたいと思います。

「あなたは誰なのか」「あなたはどこから来たのか」「あなたはいったいどこへ帰るのか」「あなたは何のためにこの世に生きているのか」。

こうした永遠の平安を得るためのカギとなる一つ一つの問いに答えられる人は、おそらくあまりいらっしゃらないのではないでしょうか。「自分はどこから来て、どこへ帰るのか」。このたった二つの問いですら、なかなか答えられる人はいないと思います。

自分はどこから来たのか。それは、人類六〇億の人たちは皆「神の国」から、「神から分かれて」来たのです。

自分はどこへ帰るのか。それは、「神の国」へ帰るのです。神そのものに帰ってゆくのです。

人間は、「大神様」から「分生命《わけいのち》」としてこの世に天降っています。

この世に何のために来ているのか。それは、「神の姿を現わすため」に来ているのです。この肉体の上に、神の姿、神そのものを現わすためにこの世に来ています。

では、神の姿とはどういうものなのかと言いますと、「我即神也の宣言文」の冒頭にありますように、「私が語る言葉は、神そのものの言葉であり、私が発する想念は、神そのものの想念であり、私が表わす行為は、神そのものの行為である」と言えます。私が語る言葉は神そのものの言葉である。それを語るためにこの世に生まれて来ているのです。

私が発する想念は、神そのものの想念である。それを発するために肉体に今現われているのです。

私が表わす行為は、神そのものの行為である。それを表わすためにこの世に生まれて来ているのです。

では、「神の言葉」「神の想念」「神の行為」とは何でしょう。神の中には否定的な言葉、苦しみや悲しみは一切ありません。神の中には努力や忍耐の言葉も一切ないのです。「神の言葉」「神の想念」「神の行為」は、完全円満、完全調和そのものなのです。神とは、無限なる愛、無限なる生命《いのち》、無限なる健康、無限なる成功、無限なる繁栄、無限なる幸せ、無限なる光、無限なるパワー、そういう無限なるものなのです。つまり私たちは、そのような神の分霊《わけみたま》であるわけですから、大調和し、大発展するものがもともと自分の中にあり、それをこの世に現わすためにこの肉体があるのです。

そうすると、私たちは神の姿を、神の無限なる愛を、無限なる生命を、無限なる幸せを現わすために今生《こんじょう》に来ていながら、なぜ苦しみや悲しみや痛みや怒りや嫉妬があるのでしょうか。

苦しみや悲しみ、痛みや怒り、嫉妬、それらはすべて、前生《ぜんしょう》の因縁の「消えてゆく姿」なのです。

前生で自分がどういうことをしてきたか、その結果がすべて今生に現われてきます。それを消しながら、できる限り神の姿に近づいていくのです。

ですから、どんな苦しいこと、どんな悲しいこと、どんなつらいことがあっても、それは前生の因縁の消えてゆく姿であり、それが消えれば、もっと神に近づいています。もっと純粋に、もっと汚れなく、もっと高く磨かれ、自分自身が神に近づいていくのです。

今生において神の姿を現わすために、限りなく神の姿に近づくために、消えてゆく姿が現われてきます。そして自分自身の魂の奥を知り尽くし、今生の肉体の上に神の姿を現わし、そして神のもと、神の世界に戻っていくわけです。

死も怖くはありません。私たちは神の分霊でありますから、死とは、神のもとに戻っていくことであり、苦しくもなく、悲しくもなく、寂しくもなく、痛みもない。ただ喜びをもって自分の天命を完《まっと》うしてその仕事を終えて、あちらの世界にいくだけなのです。

現在の状況はすべて因縁により生じる

誰の身にも、前生の因縁の消えてゆく姿が現われます。

前生の因縁が癌などの病気として現われたり、夫婦仲が悪くて離婚という状況で現われたり、子供が精神的に病んだりするなどの姿で現われます。あるいは、仕事でどんなに努力しても失敗し、お金を借りれば返せなくなってしまったり、自分は才能がないと思って落ち込んでしまうこともあるかもしれません。

前生の因縁は人それぞれ違っていますから、今生に現われる現象も人によって違ってきます。そして、前生の因縁を背負って今生に生まれている以上は、必ず現われてきます。

　自分自身に現われた状況は、前生の因縁の消えてゆく姿ですから、誰が素晴らしくて誰が悪い、誰が頭が良くて、誰が頭が悪い、誰が成功者で誰が失敗者とはっきり区別をつけることはできません。前生の因縁によってあらゆる事柄が違ってきます。違っている事柄の内容がいいか悪いかということは、いっさい言えないわけです。

　その人にとっては、病気は本当に死ぬような苦しみかもしれません。けれども、ある人にとっては、たとえ癌の宣告を受けたとしても、それほどショックではなく、精神的に痛みを感じないこともあります。ところが病気にはそれほど強い精神力を持っていながら、お金のことになると亡者のように変身してしまうかもしれません。この場合、お金に対してとても因縁が強く現われているわけです。あるいは、りっぱな政治家と思われていても色情因縁には弱いとか、自分の家族にはとても暴君で思いやりがないといったことがあります。

　世間では、事業の成功者、権力や富を得た人たちは必ずといってよいほど素晴らしいと称賛されていますが、それは物質的な部分だけを、また私たちの肉体的な目でわかる部分だけを認めて誉めそやしているにすぎません。権力を持った人、りっぱな家に住んでいる人、それからある才能に秀でた人、学問で成功した人、事業で成功した人、政治で名をなした人、そういう人たちが前生の因縁によって、ある分野ではものすごく卓越した素晴らしい才能を持っていたとしても、その人がほかの面でも同様に素晴らしいわけではないのです。

自分の一番弱いところ、まだ完成していない範囲、卒業し終わっていない部分が磨かれていくわけですから、病気に対して強かったからえらいとか、仕事が失敗したからだめだとか、ほかの人がその人の状況に対していちいち判断することはできないのです。

ある人の内面は、心が痛みで満たされ、苦しみ悩み、どん底に落とされているかもしれないけれど、表面的にはほかの人には分からないことです。

またある人が、仕事に失敗し、そして病気に苦しみ、小さな貧しい家に住んでいる状況を、私たちは世間一般の価値観、世界観で判断して見下すかもしれません。けれども、それは私たちがこの世的な物質的な価値判断のもとで評価したことであって、彼の心には物質的に成功した人、才能に恵まれた人、そして地位や名誉や権力を得た人に較べてもっと素晴らしい心を持ち、もっと精神的な成功者であるかもしれないのです。その人の前生の因縁では、今生で成功を収めることはできませんでした。財力を蓄える因縁はなかったのです。みんなから立てられ、称賛される因縁もありませんでした。しかし、その心は本当に神に近づき、純粋に気高く、清らかに自分自身を高め上げてゆき、自分をできる限り神に近づけているかもしれません。心は喜びと幸せと、そして平安に満たされているかもしれないのです。

神に近づいてゆくプロセスこそ大事

現在、この地球上に生きている六〇億の人たちは、すべて前生の因縁によってコントロールされ、因縁を果たすためにこの世に来ています。なぜ前生の因縁を果たしてゆくのかというと、前生の因縁である悪いことも良いことも、虚しいことも実りあることも、全部を消すことによって限りなく神に近づいてゆく、神のもとに戻ってゆくことができるからです。そして、完全円満なる神の姿に戻っていくプロセスにこそ今生に生まれてきた意義があるのです。

このプロセスを通らなければ、人間は神のもとには戻れません。神のもとに戻るためには、消えてゆく姿を通して自己を高め、自己を磨き上げるしかないのです。そしてできる限り、悪い想念を発してはいけません。人に対しても、自分自身に対しても発してはいけません。「私は無能なの」「私は意地悪なの」「愛が薄いのよ」「私は冷酷なのよ」と自分を責めたり、自分を低く見ないで、自分自身に対しても愛情深くならなければいけないのです。そういうことが大事なのです。自分自身を無限に愛し、自分自身の中の無限の才能を認めてあげること。それが今生に生きているあなたの役目なのです。

ですから今生では、良い言葉で話し、良い想念のみを発し、良い行ないだけをするように努めるのです。

もし、それができないのであれば、それは前生の因縁でできないわけですから、前生の因縁が消えていけば必ずできるようになります。ですから、できるだけ良い言葉を語り、良い想念を発し、良い行ないをしようと、この「三つの点」を常に心に留めておくと、それが自然にできるようになります。そして悪い言葉を自分にもほかの人にも使わないようにするのです。

成功も失敗も優劣も善悪もない

私たちはどこから来て、どこへ帰るのか。どうしてこの世に生まれてきたのか。その答えはすべて一つ、ただ神です。私たちは神の世界からやってきて、神そのものをこの肉体に現わすために今生に生まれてきたのです。そして神そのものと一つになるために神のもとへ戻っていくのです。

苦しみや悲しみ、喜び、成功、名誉、権力、そういうものは全部消えてゆく姿です。失敗も消えてゆく姿ですけれど、成功も消えてゆく姿です。神の世界には失敗もなければ成功もありません。繁栄もありません。すべてが完全調和されたものです。

私たちの肉体レベルで見れば、お金を持っている人、仕事に成功した人は成功者と見ますが、神の目から見たらそれは成功者に入りません。また失敗した人も、失敗者に入りません。全部が同じレベルです。

人種が違い、民族が違い、宗教が違い、文化が違い、どの国で、どの立場で、どのような環境に生きようとも、六〇億の人たちは皆、神の世界からやってきて、神の姿を現わして、神の世界へ戻るという法則のもとに生かされているのです。

人間は皆等しく、神に近づこうとしています。そのための消えてゆく姿であるわけです。消えてゆく姿には優劣も差別もありません。その人にとっては、その消えてゆく姿が一番尊いのです。その人を磨くために一番大切な部分だからです。それは成功という姿で現われるかもしれません。成功を収めながら、名誉を得ながら、権力を得ながら、財産を得ながら、しかし片方では罪をつくり、また別の因縁をつくらなければならない事情があります。また失敗や惨めな病気や飢餓や闘争というものを通しながら、自分自身を神に近づけてゆく姿もあります。

その材料は、その人の前生の因縁にまつわるものですから、大きな目から見れば、良し悪し、優劣などの区別はありません。自然現象と同じように、皆共通の法則のもとで立ち現われてくる現象なのです。ただ肉体が感じることのできる狭い範囲の、たった百年の間のレベルで見ると、優劣がはっきりするような気がするし、善悪がはっきりするように見えるかもしれません。けれども何億、何兆年と続く永遠の時間の流れから見れば一瞬のことですし、別に優劣も善悪も全く関係ないのです。

たとえどんな人でも、どんな成功者でも、どんな失敗者でも、どんな有能な人でも、どんな無能な人でも、それは人間の肉体レベルで感じる一瞬の判断にしかすぎません。人生の大切な目的はたった一つだけしかないのです。神に近づいていくということのみであります。

（一九九五年三月）

苦行の誤り

五感を否定する苦行は無意味

私たちは、発明や発見をしたり、あるいはスポーツで素晴らしい記録を更新したり、仕事で素晴らしい成果を上げた人に対して、尊敬と称賛のまなざしを送ります。絶えず努力を続け、今までのレベルを引き上げ、新記録を樹立することは、並大抵ではありませんから、それを成し遂げた人に対しては、尊敬と称賛の拍手を送るのも、当然だと思います。

しかし、ここに修行僧や苦行僧と呼ばれる人たちがいます。彼らは、自分の五感の世界における喜びや楽しみを感じることは、人間にとって一番悪いことだと思っています。従って、自分の肉体における感覚、いわゆる五感をいかに無にしていくか、そして肉体の喜びを自分の中から抹殺していくことを自分に課しています。このように肉体の喜びを求めず、感じることもせず、苦行に入る人たちです。

女性を見ても愛の一かけらも自分の心に見いだしてはならないし、セックスに結びつけてもならない、また、おいしい物を食べたいという欲望も起こしてはならないと考えます。あらゆる欲望、食欲、性欲などは抑えなければならない。自分が生きるための食事についても、最低限の粗食ですませ、食事を楽しんだり、満腹するという食べ方はいけないとして、味覚をなるべく刺激せず、味わいを少なくし、生きるために最低限の量と栄養をとる苦行を続けています。

このように、宗教的な方面では、五感を抑え、肉体をいじめ、肉体的な欲望から脱皮することを最大の目的とする人たちがいます。

一般の人たちは、このような修行や苦行を見て、自分たちができないこと、自分たちがやろうとしても不可能だと思うことを成し遂げた人として、彼らをとても尊敬する傾向があります。彼らを「何て素晴らしい人なんだ」「何て立派な方なんだ」と尊敬するばかりでなく、そういう人を崇め称えて生き神様とまで尊ぶ人たちもいます。

けれども、私はこれは「大変な錯覚である」と思います。彼らは自分の肉体を苦しめ、そしていじめて喜ぶマゾヒストのようなもので、決して宗教的に高い人物ではありません。

昔から、人々を指導する立場にある聖者や賢者といった人は、自分自身の肉体的な喜びや五官の喜びを抑えている人だと思われてきました。女性を見て愛を感じたり、自分に親しい人を愛したり、可愛い者、美しい人を愛するといった個人的な感情を一切無にしなければならないと考えられていました。そういう偏《かたよ》った発想がずっと長きにわたって信じられてきたのです。

しかし、人は苦行に苦行を重ねていったい何になるのでしょうか。苦行した結果、果たして人類のためにいかほど役立っているでしょうか。人類を救済したり、幸せにするために何か行なっているでしょうか。彼らが自分の肉体の苦行を通して何かを得たことと、人類を導く行為はまったく違うことなのです。確かに、そういった人たちのなかには、尊敬するに値する立派な苦行僧もいます。けれどもそのような素晴らしい人は本当にまれです。

苦行する人たちは、自分の肉体や肉体的な欲望は、汚いもの、卑しいものと見なし、苦行によって自分をいじめ抜いて、最後には光り輝く世界へ入ろうとします。自分自身を否定して、否定して、否定した中から「無我の境地」「悟りの境地」に入ろうとします。しかし、苦行を通して、つまり自分の肉体の五感の世界を捨てることによって「無」になったり、「悟り」に至るわけではありません。

地上界に降りてきた私たちの天命は、自分を否定し、苦行をすることではありません。私たちは、肉体をいじめ、苦行をして悟りを開くために生まれたのでも、そのために肉体がそなわっているのでもないのです。肉体をそのような状態に置くということは、自分自身の肉体をすべての光から、すべての希望から、すべての未来から閉ざしてしまうことに等しいのです。そのような肉体は、不自由な広がりのない、閉ざされた世界に追いやられたに等しいといってよいでしょう。

神のつくった自然界の美しさを感じることが大事

人間は本来「我即神也」であり、「神そのもの」「神の子」であります。この肉体は光り輝いているものであり、決して卑しいものでも、みじめなものでも、くだらないものでも、欲望深きものでもありません。

私たちは、苦行をする必要はまったくないのです。むしろ自分の肉体を肯定し、素晴らしい、何と無限なる能力を持っているのだろうかと讃《たた》えるのです。

美しい風景、美しい音や自然のリズム、空気のすがすがしさ、太陽の日差しの暖かさ、柔らかさ、病気を癒す慈しみ溢れる微風、水の冷たさ、緑の美しさ、かすかな香り……、それらはすべて神が創造したものであり、それらは癒しとして、希望として人類に与えられたものです。そして、肉体によってはじめて、それらのすべてを感じとることができるのです。

私たちはこの肉体を尊び、大事に使い、そして神そのものにまで高め上げてゆくことが大切です。美しく輝かしく高め上げてゆくことが、私たちの本来の生き方なのです。

ですから目に美しいものが映れば、欲望が出るからといって美しいものを否定してゆく。女の人の声を聞けば、それによって自分が性衝動にかられるから打ち消して聞かないようにする。おいしい物を見ても、食べたいという欲望を消滅させる。このような想念は、自分の肉体、自分の神そのものの光り輝いている姿を否定することになります。このような生き方は、真理に全く逆行しています。

もしそのような考えを持って修行して、果たして最後に「肉体は神そのものだ」「光り輝いている」と悟ることができるのでしょうか。彼らがもしそのような悟りを得たならば、普通の人たちこそ光り輝く素晴らしい人であると思って相対することができなければなりません。

自分の肉体そのものが光り輝く神そのものの姿であり、肉体の中に無限なる能力、無限なる美、無限なる生命、無限なる健康が秘められていると本当に悟ったならば、二度と苦行をする必要はありません。ですから、苦行を通して悟った人は、このように言わなければなりません。

「私はこういう世界を通して、悟りの境地に入りましたけれども、実はそのような苦行はする必要がなかったのです。間違っていました。私たちの肉体そのものはすでに尊く、美しく光り輝いています。その目をもって神がつくった自然界の美しい姿を見ることができます。その耳をもって小鳥の美しいさえずりや神がつくった自然界の美しい音を聞くことができます。その舌でもって神がつくった自然界のおいしいものを食べることができます。自分の五官すべてで感じることができる。これが一番大事なのです」

神様から与えられたこの五官を通して、美しい姿を見、美しい音を聞き、おいしい食物を味わうことによって、大自然を感じ、自らの肉体を光り輝かせることこそ、人生にとって最も大切なことといえましょう。しかし、私たちの肉体はまだそこまでは十分に至っていません。私たちの肉体は、神様から与えられた能力の三〇%、四〇%しか発揮していません。神がつくりたもうたこの世界にある微妙な美しさをもっともっと感じ、その深い深い美しさに触れ、自らを無限なる歓喜、無限なる幸せ、無限なる希望にまで高めていかなければならないのです。それが、神の導きであり、人間本来の生きていく道なのです。

神のつくった大自然のあらゆるものが輝いています。きらきら輝き、美しく、すべてが高揚し、すべてが踊っています。すべてが歓喜に打ち震えています。この肉体を取り巻いている神のつくりたもうたこれらのすべてを否定しきるということは、とんでもない過ちなのです。

真実を知る生き方に宗教はいらない

自分自身の肉体そのものの中に神の無限なるものすべてが秘められています。その眠っている肉体を輝かしてゆく、そのプロセスに苦行は一切必要ありません。自分をいじめ抜くことなど必要ないのです。美しいものをながめながら、おいしいものを食べながら、美しい恋愛をしながら、さらに素晴らしい輝かしい自分に高めてゆくことです。自分の子供をいとおしみ、本当に愛し、そして自分とまったく関係ない人たちをも心から愛し、そしてお互いの中に無限なる「善」を見、「善」なるものを輝かせ、認め合って伸びてゆくこと。それこそが真実の生き方なのです。

それはすでに宗教を超えた生き方です。

しかし、人間はまだ宗教に依存し、執着しなければ生きていけない存在です。私は、そういう人類一人ひとりの弱さを変えていきたいと思っています。既存の宗教に頼らないで生きていかなければなりません。現在の宗教は、業《ごう》の世界、しがらみの世界におちいっています。中には素晴らしい宗教もありますが、ほとんどが昔の規則や伝統といった形式のみに縛られ、本当の人間のあり方、本当の真実を求める人々に対して、正しい答え、そして素晴らしい体験を伝えてはいません。

今の世界を見ていると、宗教の争いがたくさんあります。人間が人間を愛し、尊び合う教えが宗教であるべきなのに、神の教えを説きながら、宗教同士で互いに殺し合い、罵《のの》り合い、しかも考えられないほど残酷な恐ろしい世界を創り出しています。それらは宗教の名のもとに行なわれている行為なのです。神を信じている人たちの仕業《しわざ》なのです。このような現在の世界を見ていると、宗教が変わらなければ、宗教の精神、あり方そのものが原点からくつがえされなければ、真の世界平和は成り立たないと思えます。

これから迎える二十一世紀は、これまでの常識がどんどん変わってゆくでしょう。常識というものは世間の絶対多数の意見にすぎません。常識とは流動的なものです。絶対的なものではありません。苦行や難行をよしとする常識も、これから変わってゆくことでしょう。今日、苦行をして尊敬を得たとしても、それは将来の人たちには受け入れられないでしょう。真理に目覚めた人たちの常識は、肉体を輝かしてゆくことにあるからです。人の生き方もどんどん変わっていきます。同時に、真理の説き方もどんどん変わっていきます。

これからの二十一世紀は、宗教宗派を超えた世界で人々は生きてゆくべきです。そうなれば多くの形式的な宗教はどんどん滅びてゆくでしょう。そして次世代の人々の間から、素晴らしい宗教が出てくるかもしれません。しかし、それは宗教とは呼ばれないで、新しい生き方として提示されるかもしれません。

私は今は「白光真宏会」という「世界平和の祈り」を祈る宗教団体に属しておりますが、本来、宗教という名前は必要ないのです。人類一人ひとりが宗教宗派に入らないで、自分が確固たる信念をもって、自分の肉体を輝かしていくことこそ大切であると思います。美しいものの中に神の無限なる深さを見るための努力をしてゆくのです。神がつくりたもうた、美しく調和した無限なる躍動を続ける大自然に心の波長を合わせてゆき、自分自身を高め上げていくことこそ、真の生き方です。そのような生き方を求めるのには宗教も何もいりません。どこの団体や組織に所属する必要もありません。

一人ひとりが自分の肉体を輝かせ、自分の能力を発揮するために、自分のすべてを肯定し、自分が神の子であるという原点を認めて、さらに自分の至らないところ、足りないところをもっともっと輝かせ、もっともっと全開してゆき、一〇〇パーセント光り輝く肉体を創り上げていくのです。

その光り輝く肉体を創り上げていくためには、その根底である精神を高め上げていかなければなりません。精神を高め上げるには、神の絶対なる真理を知らなければならないのです。ですから、そういう生き方に人類の一人ひとりみんなが行き着くとき、本当の「救われ」を得ます。そのときこそ、本当の輝かしい自分を現わすことができます。もし、宗教と呼ぶものが必要ならば、その真理を学ぶためのものでなければばなりません。

（一九九四年十月）

生きた芸術

芸術とは何か

私は芸術が大変好きです。音楽を聴くこと、絵を見ること、そしてスポーツにも芸術を感じます。とくに私はオペラが好きで、オペラに関する本を読んだり、時間の許すかぎり劇場に出かけたりしています。オペラには、モーツァルトやヴェルディ、プッチーニ、ロッシーニなどいろいろな作曲家のものがありますが、その中で私が一番好きなものがリヒャルト・ワーグナーのオペラです。

特に、オペラ史上最大の作品である「ニーベルングの指輪」は、天上に住む神々と地下に住むニーベルング族が、黄金の指輪（世界支配の権力の象徴）をめぐって、相争う過程を描き、ついには両者が滅亡して、新しい世界の到来を期待させて終わります。音楽がとても素晴らしく、そこに人間の肉体によって奏でられる歌声が重なって、もう圧巻としか言いようがありません。

また絵も大好きです。あらゆるジャンルの絵を楽しみ、絵の中に日常生活を忘れてフッと入り込み、その画家と一体になることがこのうえない喜びです。

私は、仕事の関係でよく旅に出ます。世界各国を飛び回っていますが、旅行中でもなるべく時間をつくって、芸術に触れるように心がけています。美術館に立ち寄ったり、コンサートに行ったり、オペラを鑑賞したりすることが私の楽しみの一つになっています。

作者が感じたものを人の声や楽器を使って表現すれば、音楽になります。自分の想いをピアノやヴァイオリンやチェロ、フルートの奏でる音に託して人々に訴えかけます。また、書画という形を通して、憧憬、感動を表わす芸術もあります。そのような芸術に触れることによって、作者の気分と一つになって感動したり、あるいは考えさせられたり、あるいは醸し出された情操の豊かさや無限なる創造性に対して、改めて自分自身の持っている内面を垣間見るきっかけを得られます。

中には、「人生とは何だろう」とか、「何のために自分は生きているのか」、「何のためにこの苦悩を背負っているのか」というところまで自分自身を見つめることができる芸術もあります。「人間というものはやはり苦悩があっても、必ず最後には救われていくものだ」とか、「煩悩を超えていけば必ず透明になっていくものだ」と、そこまで人々の心を目覚めさせるほどの力強い崇高な表現をもつ芸術もあるのです。やはり、人々がある芸術に触れて、そこでその人なりの喜びを感じたり、その人なりの生き方や考え方が変わるということは、とても魅力のあることだと思います。

そういう意味で、仕事の後のちょっとした暇を見つけて、美術やコンサート、オペラといったあらゆる芸術との出会いを重ねてきました。自分と同じ人間が作り出している「凄いもの」との触れ合いを楽しんでいたわけです。

真の芸術に触れる

最近私は、ベトナムとカンボジアに行ってまいりました。カンボジアにはアンコールワットという神秘に輝く寺院があります。世界の五大遺跡の一つと言われるほど実に見事なもので、その壮大な伽藍《がらん》の芸術性に触れてみて、全く圧倒される思いがしたのです。

ところでベトナムとカンボジアでは、一般の美術館に行く機会はまったくありませんでした。特にカンボジアは、つい最近まで内戦があり、たくさんの犠牲者を出した国です。美術館や音楽を楽しむコンサートなども少なく、いつでも芸術に触れられる国ではなかったのかもしれません。

美術館やコンサートに出かけないのですから、本来なら、残念に思うところですが、しかし私は「美術館やコンサートに行かれないことが本当は残念なことではなかった、それは自分の一つの執われであった」と気づいたのです。芸術とは美術館だけにあるのではないし、音楽会の会場だけにあるのではないと思い至ったのです。

ベトナムやカンボジアではじめて「真の芸術」「神の芸術」に出会った気がします。「真の芸術」とは、「神の芸術」とは、生きた人間一人ひとりなのだという一番の根本に触れたような思いがしたのです。

街角の貧しい人々、そしてその顔に一つ一つ刻まれた深い皺。それらを見た瞬間に、私たちが美術館やコンサートに行って得られる「美しさ」や「幸福感」「歓喜」などといった感情以上のものを感じました。「神の芸術」とは、人間そのものであると直感したのです。生きている人間そのものであると。人が食べている姿が神の芸術であり、その人が何も食べられなくてやせ細って老いて死を間近に迎える姿、何もできなくなってトロンとしたうつろな目で宙を見つめている姿にも、やはり神の芸術が宿っているのだと。また、どんな貧しい子供や赤ん坊を見ても、その瞳に生命の輝きを感じます。それは神が造った素晴らしい芸術です。

神は芸術を通して私たちに何を訴え、何を言わんとしているのでしょう。

神の芸術、真の芸術とは、生きている人間そのものです。一人ひとりの生きている姿、生命そのものが芸術なのです。

自分自身の中に宿る神を輝かせる

お腹を空かして、動くこともできず、宙を見たまま横たわっている老人の姿にも、私は胸が痛いほどの神の芸術を垣間見たのです。彼の人生がいかに貧しかったか。彼の人生がいかに困難であったか、過酷であったか、厳しかったか。その姿は、拷問や虐殺に満ちた時代を経てつくられた、彼の一生の芸術作品なのです。

どんな人々の中にも神の芸術性が宿っています。芸術とは、美術館や劇場に行って見るものや、コンサートに行って聴くものだけでなかったのです。私たちが本当に真の芸術に触れようと思う心があるならば、どこにでも神の芸術は存在します。自然の中に、埃《ほこり》の中に、喧騒の中に見ることができます。自分の存在をあからさまにせず、ポッと咲いている赤いブーゲンビリア。そこに神の生きた芸術を感じることができます。牛にも、馬にも、そして生きとし生けるもの、大自然の中にも、神の芸術を感じるのです。

私たち一人ひとりの生きている姿が芸術であるならば、どんな国、どんな場所にいても、人間という芸術に触れることができます。そして、人の心を動かすほどの芸術作品は自らが作り上げていくものということになります。

自分の肉体、自分の姿そのものが神の芸術であるならば、自分を通して人々が何を感ずるだろうか。自分というこの芸術作品を通して、人々がどのように感じていくだろうか。そのように人間が真の芸術を理解したとき、人はたんに欲望を追いかけて生きていくよりも、あるいは何か嫌なことがあったとき不平不満を言って生きていくよりも、自分の中に神の生きた芸術を作り出していく道を選ぶのではないでしょうか。

自らの芸術作品をこの肉体を通して作り出していく、そういう目的をもった人のほうが、人々に感動を与え、人々に喜びと真の生きがいを感じさせるものだと、そのとき私は深く思ったのです。

私たちは芸術というと、ものを作ったり、また誰かの手によって作られた作品を鑑賞するものだと思いがちです。私の中にも、芸術をそのように思い込んでいる部分がありました。けれども、今回の旅を通じて、真の芸術に出会ったような気がします。

今私は、自分自身の中に、自分の肉体の中に宿っている神の姿を現わしていくことこそ本当の芸術ではないかと思っています。したがって、自分自身の肉体を芸術作品として世に示すならば、やはり自分の欲望に振り回されて生きている姿を表わすよりも、それを超えて神の素晴らしい生命を輝かしている姿を表わすことのほうが、より本当の芸術ではないかと思います。

芸術に触れる時間のあるなしにかかわらず、まず自分の中の神の芸術を作り上げていくことです。また、自分の周りにいる子供たちの中に、本当に素晴らしい神の芸術を見出していくことです。

自分自身や周りの一人ひとりの存在が芸術であり、その表われであると感じることができれば、ものの見方、人への接し方、芸術の鑑賞の仕方が根本から覆されていくのではないかと思います。

（一九九六年十一月）

注の参照

人間と真実の生き方

人間は本来、神の分霊《わけみたま》であって、業生《ごうしょう》ではなく、つねに守護霊、守護神によって守られているものである。

この世のなかのすべての苦悩は、人間の過去世《かこせ》から現在にいたる誤てる想念が、その運命と現われて消えてゆく時に起る姿である。

いかなる苦悩といえど現われれば必ず消えるものであるから、消え去るのであるという強い信念と、今からよくなるのであるという善念を起し、どんな困難のなかにあっても、自分を赦し人を赦し、自分を愛し人を愛す、愛と真《まこと》と赦しの言行をなしつづけてゆくとともに、守護霊、守護神への感謝の心をつねに想い、世界平和の祈りを祈りつづけてゆけば、個人も人類も真の救いを体得出来るものである。

世界平和の祈り

世界人類が平和でありますように
日本が平和でありますように
私達の天命が完《まっと》うされますように
守護霊様ありがとうございます
守護神様ありがとうございます

我即神也（宣言文）

私が語る言葉は、神そのものの言葉であり、私が発する想念は、神そのものの想念であり、私が表わす行為は、神そのものの行為である。

即ち、神の言葉、神の想念、神の行為とは、あふれ出る、無限なる愛、無限なる叡智、無限なる歓喜、無限なる幸せ、無限なる感謝、無限なる生命《いのち》、無限なる健康、無限なる光、無限なるエネルギー、無限なるパワー、無限なる成功、無限なる供給……そのものである。それのみである。

故に、我即神也、私は神そのものを語り、念じ、行為するのである。

人が自分を見て、「吾は神を見たる」と、思わず思わせるだけの自分を磨き高め上げ、神そのものとなるのである。

私を見たものは、即ち神を見たのである。私は光り輝き、人類に、いと高き神の無限なる愛を放ちつづけるのである。

我即神也の印の組み方

1 如来印を組む

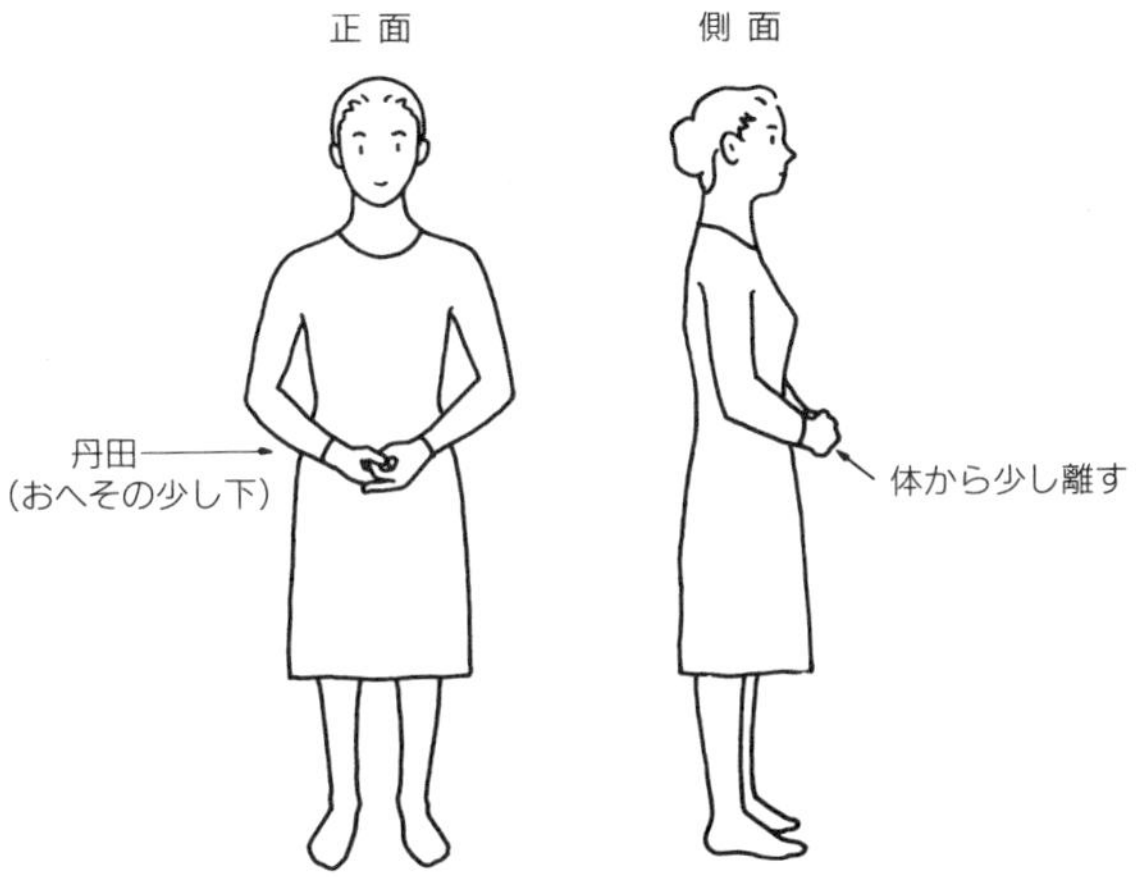

〈如来印の組み方〉

①親指と人差し指で輪をつくり

②右手と左手の輪を結びます

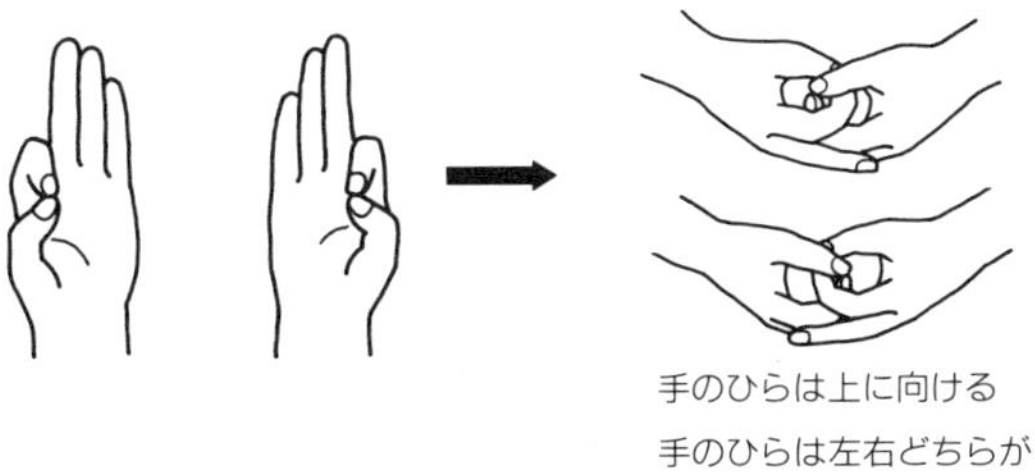

手のひらは上に向ける

手のひらは左右どちらが
上になってもよい

2 右手と左手の輪を結んだまま、他の指をのばしながら目の高さに持ってくる

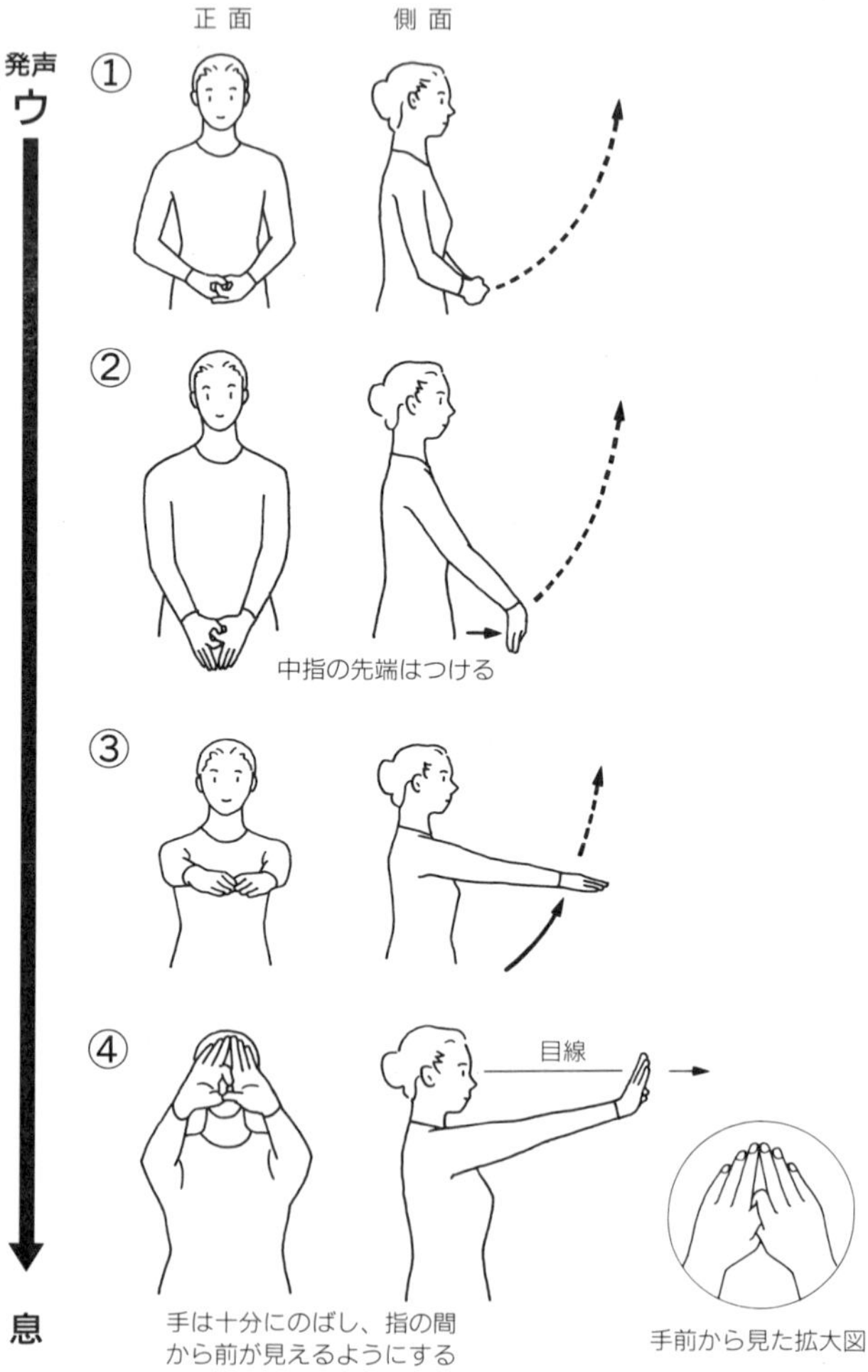

（3～12は省略します。詳細は「我即神也の印」の組み方ブックレットをご参照下さい）

郵便はがき

料金受取人払

北山局承認

12

差出有効期間
平成16年5月
14日まで

4180190

静岡県富士宮市
人穴八一二ー一

白光真宏会出版本部
愛読者カード係

出版物等のご案内をお送りいたしますのでご記入下さい。

ご氏名《ふりがな》	年齢 才	男・女
〒 ご住所		
ご職業	ご購読の新聞名	
お買い求めの書店名	以前に愛読者カードを送られたことがありますか。 ある（　　年　　月頃）：初めて	

愛読者カード　　書名　自然体で生きよう

■ご購読ありがとうございました。今後の刊行の参考にさせていただきたいと思いますので、ご感想などをお聞かせください。

下記ご希望の項目に○印をつけて下さい。送呈いたします。
1．月刊誌「白光」　2．図書目録

本書をお知りになったのは	1．書店で見て　2．知人の紹介　3．小社目録 4．新聞の広告(紙名　　　　　　　) 5．雑誌の広告(誌名　　　　　　　) 6．書評を読んで(　　　　　　　) 7．その他
お買い求めになった動機	1．テーマにひかれて　2．タイトルにひかれて 3．内容を読んで　4．帯の文章で 5．著者を知っている　6．その他
月刊誌「白光」を	毎月読んでいる　　読んでいない

白光出版をご存じでしたか。初めて：知っていた：よく買う
☆以前読んだことのある白光出版の本(　　　　　　　　)

13 左手はそのままで、右手の人差し指を無声の気合いとともにまっすぐ下につきさし、つづいてU字型に上にあげ、額の前で止める

正面　側面

無声

①

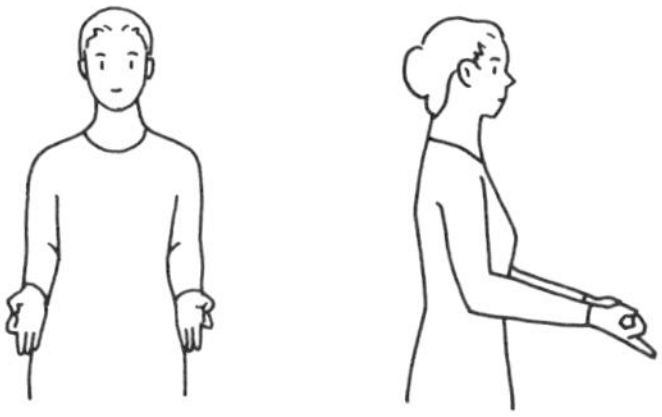

②

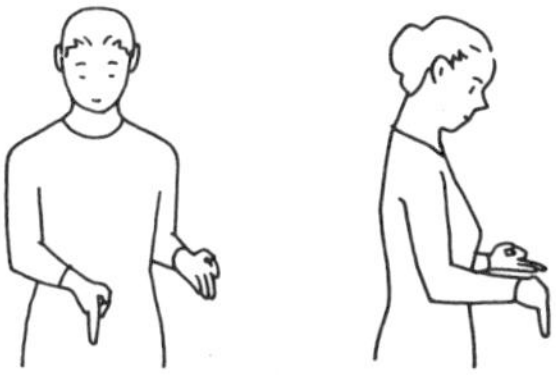

指先は身体の真ん中から垂直に下に向ける
右手の手のひらは左側に向ける

拡大図

③

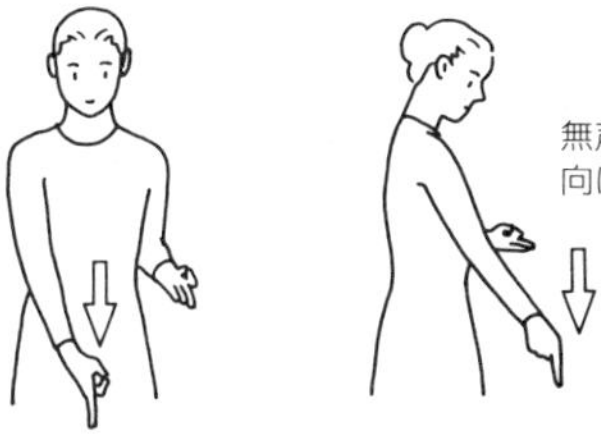

無声の気合とともに下に
向けてつきさす

次頁に続く

前頁より

無声

正 面　　　　　　側 面

④

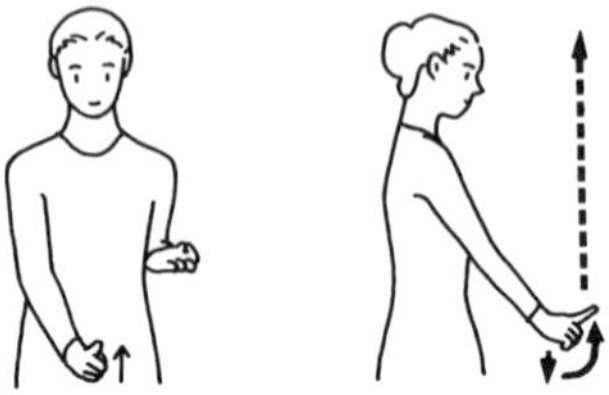

下につきさした後、気を抜かず、人差し指の指先をU字型に下から上に向きを変え、気を込めながら指をあげてゆく

⑤

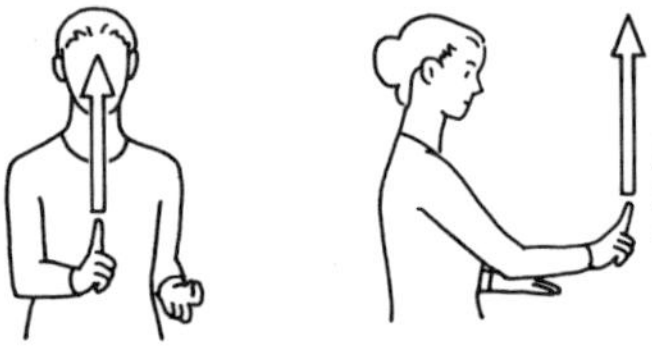

胸の位置から再び無声の気合をかけ、上げる速度をはやめ額の前で止める

⑥

額の前で止める

ここでは息はしない

14 **気を抜かずゆっくり右手をおろし、如来印を組んでから息をする**

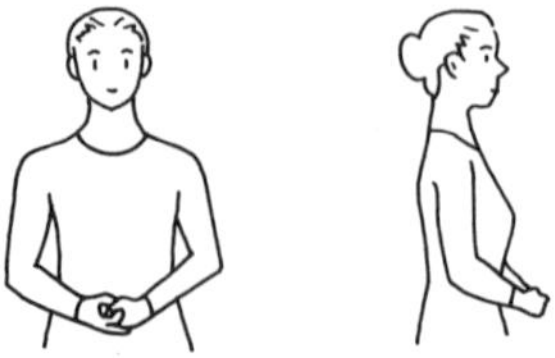

息

西園寺昌美（さいおんじまさみ）
白光真宏会会長・ワールド ピース プレヤー ソサエティ代表・五井平和財団会長。
祈りによる世界平和運動を提唱した故・五井昌久先生の後継者として国内国外に世界平和の祈りを普及するとともに、各人の神性を開発し、人類に真理の目覚めを促す活動を展開中。講演や多くの著書を通じて、人々に生きる勇気と感銘を与えている。
著書に『明日はもっと素晴しい』『我即神也』『かくて地球は蘇る』『真理―苦悩の終焉』『教育の原点』『次元上昇』『自己完成』『愛は力』『神人誕生』（以上、白光出版）『無限なる幸せ』（河出書房新社）『光の雨が降りそそぐ』（にじゅうに）
『The Golden Key to Happiness』
『Infinite Happiness』(Element Books)
『Die Kraft Des Friedvollen Herzens』(Aquamarin Verlag)
等がある。

白光真宏会ホームページ　http://www.byakko.or.jp

自然体で生きよう

平成十二年十月二十日　初版
平成十四年五月十五日　二版

著　者　西園寺　昌　美
発行者　今　　　　　章
発行所　白光真宏会出版本部
〒418-0102　静岡県富士宮市人穴八一二－一
電　話　〇五四四（二九）五一〇九
ＦＡＸ　〇五四四（二九）五一一二
振　替　〇〇一二〇・六・一五一三四八
東京出張所
〒101-0064　東京都千代田区猿楽町二－一－一六　下平ビル四〇一
電　話　〇三（五二八三）五七九八
ＦＡＸ　〇三（五二八三）五七九九
印刷所　加賀美印刷株式会社

乱丁・落丁はお取り替えいたします。
定価はカバーに表示してあります。

ISBN4-89214-138-0　C0014